大隊長の指揮要領

統括指揮の体系・モデル化

監修　東京消防庁

緒 言

　近年、火災件数、延焼火災の減少傾向の中で、各級指揮者の指揮能力及び隊員の活動能力の維持、向上が課題となっています。

　大隊長には、指揮本部長としての専門的な高い知識、技術とともに、豊かな経験に裏打ちされた判断力と統率力が強く求められます。この能力は、経験知であり一朝一夕に向上を図ることが困難であることから、大隊長の知識、技術の伝承を難しくしています。

　一般に、経験知は体系化、モデル化することによって、新任者等を短期間である程度まで戦力化するのに有効です。また、早期に一定のレベルまで到達させることにより、更に難しい課題にチャレンジし、難しい部分に気づき、それを身に付けることにより能力の向上を図ることができるといわれています。消防活動基準（要領）等は、過去における消防活動の経験則を体系化したものです。同様に、大隊長の指揮要領（ノウハウ）も、多くの火災事例、教訓等を基に体系化し、モデル化することによって、先人の多くの経験等を効果的に生かすことができます。

　本書は、新任の大隊長及び大隊長を目指す者への、大隊長業務の理解深化を支援し、啓発を誘導して、更には大隊長としての能力アップに挑戦させることを目標としたものです。そのため、理解しやすいように木造、防火造建物火災及び耐火造建物火災に対象を絞って、出場から現場引揚げまでの基本的な業務及び指揮対応等について、できる範囲で体系化、モデル化を図りました。第1章「大隊長の責務」では、大隊長の業務全体像を分かりやすく説明し、第2章から第5章では、大隊長の指揮対応を「出場途上及び現場到着時の措置」「指揮本部の運営」「人命検索、救助及び消火活動の統括指揮」「現場管理の統括指揮」に分けて、状況判断、指揮対応等のポイントを説明しています。

　本書が、新任の大隊長及び大隊長を目指す人、更には大隊長の能力アップに、少しでも役立てばと願うものであります。

目次

第1章　大隊長の責務

第1節　大隊長の任務

- **第1　指揮本部長としての任務** …………………………………… 2
  - 1　消防活動体制の早期確立 …………………………………… 2
  - 2　出場部隊、指揮本部の統括指揮 …………………………… 3
  - 3　火災現場の管理 ……………………………………………… 4
- **第2　指揮隊（大隊長）に求められる能力** ……………………… 5
  - 1　出場途上の措置能力 ………………………………………… 5
  - 2　現場到着時の措置能力 ……………………………………… 6
  - 3　統括指揮能力 ………………………………………………… 7
  - 4　指揮本部の運営能力 ………………………………………… 9
  - 5　現場管理能力 ……………………………………………… 12

第2節　指揮本部長補佐の任務

- **第1　指揮権移行時の大隊長の任務** …………………………… 18
  - 1　上位指揮者現場到着時の措置 …………………………… 18
  - 2　統括指揮の補佐 …………………………………………… 19
  - 3　指揮本部運営の補佐 ……………………………………… 20
- **第2　情報指揮隊長の任務** ……………………………………… 21
  - 1　迅速な情報収集と処理体制の確立 ……………………… 21
  - 2　報道発表への対応 ………………………………………… 21
- **第3　応援指揮隊長の任務** ……………………………………… 22
  - 1　局面の指揮 ………………………………………………… 22
  - 2　前進指揮所担当隊長の指揮 ……………………………… 23
- **第4　安全管理担当隊長の任務** ………………………………… 23
  - 1　安全監視体制の早期確立等 ……………………………… 24
  - 2　危険回避措置の要請、助言等 …………………………… 24

第2章　出場途上及び現場到着時の措置

第1節　出場途上の措置

第1　出場部隊の把握 ……………………………………………………………28
1　救助指定中隊等の確認 ……………………………………………………28
2　出場隊の遅延報告等の確認 ………………………………………………29

第2　出場火災の危険性の推定等 ………………………………………………29
1　出場火災の危険性の推定 …………………………………………………29
2　火災建物の危険性の推定 …………………………………………………31

第3　危険性の周知と途上命令 …………………………………………………32
1　異常気象時における消防活動の重点と危険性の周知等 ………………32
2　危険区域等における消防活動の重点と危険性の周知等 ………………33
3　警防計画等樹立対象における消防活動の重点と危険性の周知等 ……34
4　建物火災における消防活動の重点と危険性の周知等 …………………35

第4　現場到着直前の措置 ………………………………………………………37
1　指揮隊員の任務等の再確認 ………………………………………………37
2　現場接近時の携帯無線の受信 ……………………………………………37

第2節　現場到着時の措置

第1　火災実態等の把握 …………………………………………………………38
1　火点一巡による火災実態の把握 …………………………………………38
2　救助指定中隊長からの報告聴取 …………………………………………42
3　関係者等からの情報収集 …………………………………………………43
4　効率的な情報活動の指揮 …………………………………………………44

第2　状況判断 ……………………………………………………………………46
1　状況判断の基本 ……………………………………………………………47
2　延焼拡大危険の判断 ………………………………………………………48
3　人命危険の判断 ……………………………………………………………51
4　活動（作業）危険の判断 …………………………………………………52

第3　活動方針及び指揮対応 ……………………………………………………55
1　火災初期の指揮対応 ………………………………………………………55
2　人命危険の態様と活動方針及び指揮対応 ………………………………56
3　木造、防火造建物火災の延焼拡大危険の態様と活動方針及び指揮対応 ……58

4　耐火造建物火災の延焼拡大危険の態様と活動方針及び指揮対応・・・・・・・・・・・・61
　　5　現場到着時に活動（作業）危険がある場合の活動方針及び指揮対応・・・・・・・・・63
　第4　応援要請・・64
　　1　第二出場の応援要請・・・64
　　2　指揮隊の応援要請・・・66
　　3　特殊車（隊）、資器材等の応援要請・・・・・・・・・・・・・・・・・・・・・・・・・・・・・・・・・・・・67
　　4　飛火警戒隊の応援要請・・・70
　　5　その他の応援要請・・71

第3章　指揮本部の運営

第1節　指揮本部運営の管理

　第1　**指揮本部の設置等**・・74
　　1　指揮本部の設置・・75
　　2　指揮本部設置時のポイント・・・76
　　3　指揮本部機能の強化・・・77
　第2　**火災初期、中期、後期の指揮本部運営**・・・・・・・・・・・・・・・・・・・・・・・・・・・・・・・・78
　　1　火災初期の指揮本部運営・・78
　　2　火災中期の指揮本部運営・・81
　　3　火災後期の指揮本部運営・・84
　第3　**二次、三次火災等への指揮本部対応**・・・・・・・・・・・・・・・・・・・・・・・・・・・・・・・・・・86
　　1　二次、三次火災等への対応・・86
　　2　転戦下命及び指揮本部指揮隊の出場・・・・・・・・・・・・・・・・・・・・・・・・・・・・・・・・・・88

第2節　情報指揮隊、応援指揮隊との連携

　第1　**情報指揮隊との連携**・・・89
　　1　情報指揮隊への任務付与・・89
　　2　情報指揮隊の活動管理・・90
　　3　指揮本部の報道対応・・90
　第2　**応援指揮隊との連携**・・92
　　1　応援指揮隊への任務付与等・・・92
　　2　応援指揮隊の活動管理・・93

第4章　人命検索、救助及び消火活動の統括指揮

第1節　人命検索、救助活動の統括指揮

第1　逃げ遅れ者情報がない場合の人命検索活動の指揮・・・・・・・・・・・・・・・・・・・・・・・・・96
 1　火点室の人命検索活動を重点・・・96
 2　人命検索活動の管理・・・100

第2　逃げ遅れ者情報がある場合の人命検索活動の指揮・・・・・・・・・・・・・・・・・・・・・・・・・101
 1　人命検索活動体制の早期確立・・102
 2　人命検索、救助活動の指揮・・103

第3　救助活動の指揮（ベランダ、窓等に逃げ遅れ者）・・・・・・・・・・・・・・・・・・・・・・・・104
 1　救助活動に部隊を集中・・・104
 2　救助活動体制の早期確立・・・105

第2節　消火活動の統括指揮

第1　木造、防火造建物火災の消火活動の統括指揮・・・・・・・・・・・・・・・・・・・・・・・・・・・・106
 1　即鎮圧火災の指揮・・・106
 2　周囲建物に延焼拡大危険がない場合の消火活動の指揮・・・・・・・・・・・・・・・・・107
 3　周囲建物に延焼拡大危険がある場合の消火活動の指揮・・・・・・・・・・・・・・・・・107
 4　複数棟に延焼拡大している場合の消火活動の指揮・・・・・・・・・・・・・・・・・・・・・108
 5　隣接耐火造建物への延焼阻止の指揮・・・・・・・・・・・・・・・・・・・・・・・・・・・・・・・・110

第2　耐火造建物火災の消火活動の統括指揮・・・・・・・・・・・・・・・・・・・・・・・・・・・・・・・・・・112
 1　火点が不明な場合の指揮・・・112
 2　ダクト火災時の消火活動の指揮・・・・・・・・・・・・・・・・・・・・・・・・・・・・・・・・・・・・・113
 3　延焼火災時の消火活動の指揮・・・・・・・・・・・・・・・・・・・・・・・・・・・・・・・・・・・・・・・114

第3　残火処理活動の統括指揮・・・119
 1　効果的な残火処理・・・119
 2　再出火防止等・・・120
 3　残火処理時の受傷事故の防止・・・・・・・・・・・・・・・・・・・・・・・・・・・・・・・・・・・・・・・122

第5章　現場管理の統括指揮

第1節　安全管理の統括指揮

第1　活動（作業）危険の早期把握 126
1. 活動（作業）危険の予知、予測 127
2. 火災現場の安全監視体制の確立 129

第2　活動環境に起因する活動（作業）危険の回避措置 130
1. 倉庫等の進入危険への対応 130
2. モルタル壁等の落下危険への対応 133
3. 床落下、床抜け危険への対応 134
4. 火点建物等の倒壊危険への対応 136
5. 毒・劇物等の二次災害発生危険への対応 136
6. ＬＰガスボンベの爆発危険等への対応 138

第3　消防活動に起因する活動（作業）危険の回避措置 139
1. 消防活動上注意を要する場所での危険回避措置 139
2. 不安全行動等による活動（作業）危険の回避措置 141
3. 消防活動要領等の不理解による活動（作業）危険の回避措置 143

第2節　リスク管理の統括指揮

第1　リスク管理の心構え 145
1. リスク管理への取組 145
2. 苦情等の未然防止と発生時の対応 147

第2　リスク事案への指揮対応 148
1. 水損防止への指揮対応 149
2. 物損防止への指揮対応 149
3. 住民、通行人等の受傷事故防止への指揮対応 150
4. 職員の重大な事故発生時の指揮対応 151
5. その他のリスク管理への指揮対応 152

別添　大隊長（指揮隊）の指揮対応チェック表 154

参考文献 183
執筆協力者 184

第1章

大隊長の責務

　火災に出場した隊は、火災現場への到着順位及びポンプ隊、はしご隊、特別救助隊等、隊の特性に応じた任務に基づいて、人命検索、救助活動及び消火活動等の消防活動を行う。出場部隊に、火災被害の軽減に向けた迅速かつ効果的な消防活動を行わせるには、指揮本部長の統制下での組織的な消防活動の展開が不可欠である。

　大隊長には、火災被害の軽減に向けて、指揮本部長としての指揮能力の向上を図るとともに、精強な部隊を育成して組織の負託に応えていく責務がある。

第1節 大隊長の任務

　大隊長には、火災現場での指揮本部長としての任務と、指揮権移行後の指揮本部長の補佐及び管轄区域外の火災等における情報指揮隊長、応援指揮隊長としての任務がある。特に、指揮本部長としての任務は、大隊長の任務の根幹を成すものであり、最も重要な任務である。

第1　指揮本部長としての任務

　指揮本部長の任務は、火災実態に対応した消防活動体制の早期確立を図るとともに、消防活動が組織的かつ効果的に行えるように、部隊及び指揮本部を統括指揮し、火災現場の管理を適切に行い、消防部隊の中核として最大の消防活動効果を挙げることである。

図1−1　指揮本部長の任務

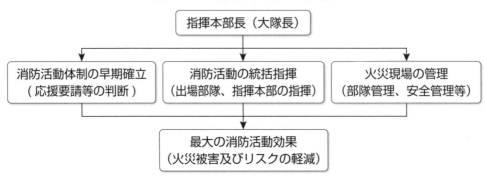

1　消防活動体制の早期確立

(1)　消防力の増強

　　火災の早期制圧には、火勢を上回る消防力が不可欠である。大隊長は、現場到着時に火災実態を速やかに把握して、第一出場の部隊で対応可能かどうかを迅速に判断する。
　　現場到着時に複数棟に延焼拡大している火災では、消防力が劣勢となり、周囲の延

焼建物に配備する筒先が不足し、早期の筒先包囲体制の確立が困難となることが予測される。消防力が劣勢と判断される場合には、速やかに第二出場の応援要請やはしご隊、特別救助隊、救急隊、照明車等必要な部隊の応援要請(消防力の増強)を行い、火災実態に対応した消防活動体制の早期確立を図る必要がある。

第二出場の応援要請の判断は、火災被害の軽減を図るために指揮本部長に課せられた重要な任務である。

(2) **指揮体制の移行**

火災の状況等に対応した消防活動体制の確立には、第二出場等の応援要請のほかに上位指揮者への指揮権の移行がある。

火災の状況から、人命検索、救助活動体制等の強化を図る必要がある場合や更に延焼拡大が予想される場合等、現場にいる上位指揮者(副署隊長等)への指揮権の移行が必要と判断した場合には、速やかに指揮権の移行を具申し、上位指揮者の指揮権移行の指揮判断に資するものとする。

(3) **指揮本部機能の充実**

複数棟の延焼拡大火災、逃げ遅れ者が多数ある火災及び特異火災時には、指揮本部を円滑に運営していくうえで指揮本部機能(情報、指揮、統制等)の強化が必要となる。指揮本部機能の強化が必要と判断される場合には、情報指揮隊及び応援指揮隊(第二出場の応援要請時には、部隊の増強にあわせて応援指揮隊も出場)を要請する。指揮本部機能の強化にあたっては、指揮本部長又は指揮本部長補佐の立場で、現場に到着した情報指揮隊及び応援指揮隊との連携を強化して、両指揮隊の機能を十分に発揮させることが求められる。

また、延焼状況等から第二出場の要請にまで至らない火災で、情報指揮隊及び応援指揮隊の応援要請が必要な火災はどのような態様の火災かをあらかじめ検討しておくことも大切である。

2 出場部隊、指揮本部の統括指揮

(1) **出場部隊の統括指揮**

大隊長は、出場部隊が到着順位や特殊車隊としての任務に基づき、人命検索、救助及び消火活動等を円滑かつ効果的に行えるように、火災実態に即した活動方針を速や

かに下命し、出場部隊を統括指揮（指揮、統制、管理）する。

統括指揮には、状況判断に基づく消防活動の重点と活動方針に沿った指揮対応を迅速に組み立てて、具体的な対応、措置等を次々と下命することが求められることから、部隊の活動掌握と指揮能力の向上が不可欠である。

(2) **指揮本部の統括指揮**

延焼火災時には、出場部隊が指揮本部を中心に組織的な消防活動を行えるように、火災実態の把握、部隊指揮及び指揮本部運営に適した位置に指揮本部を設置し、指揮本部と各中小隊長との下命、報告ルートの活性化や警防本部及び署隊本部との連携強化を図る。

指揮本部の運営にあたっては、火災の状況とその時々の消防活動の効果を見極めて、初期の人命検索、消火活動等の指揮対応から、延焼防止見込み⇒延焼防止⇒鎮圧⇒鎮火へと、消防活動を円滑に行う指揮本部運営が求められる。

また、火災の規模、延焼状況等から、指揮本部機能の強化及び指揮分担（局面指揮者の指定及び前進指揮所（局面の消防活動を指揮する活動拠点）の設置）が必要と判断される場合には、応援指揮隊を要請し、指揮本部機能の充実を図るものとする。

3 火災現場の管理

(1) **現場管理能力の向上**

指揮本部長には、消防活動体制の早期確立や部隊及び指揮本部の統括指揮のほかに、消防機関の現場責任者として現場引揚げまでの火災現場を管理する任務がある。

現場管理は、部隊管理、活動管理、情報管理、安全管理、リスク管理、労務管理及び隊員管理等と広範にわたるとともに、消防活動及びその効果等を踏まえてタイムリーに行う必要があることから、現場管理の感性（洞察力、着眼力、直感力等）を磨いておくことが大切である。

Point 1-1　現場管理の項目と内容

項　目	内　　　容
1　部隊管理	① 活動隊、待機隊、隊員の掌握　② 特殊車等の有効活用 ③ 現場引揚げ
2　活動管理	① 人命検索、消火活動等の状況把握　② 活動の適正化
3　情報管理	① 個人情報の管理　② 重要情報の管理
4　安全管理	① 危険の予測、周知　② 危険の回避、排除 ③ 安全監視等の安全管理対策

5	リスク管理	① 重大事故発生時の対応　② 再出火防止対策 ③ 苦情等の未然防止、対応
6	労務管理	① 現場交替　② 休憩、栄養補給　③ 補給車、救援車等の活用
7	隊員管理	① 服装　② 態度、言動　③ 士気、規律
8	その他	① 警戒区域の設定　② 関係機関との連携

(2) トータル被害の軽減

　消防活動は、火災による人命、財産等の被害の軽減を図るものであるが、火災現場には消防活動に伴う水損、物損、住民等の受傷、再出火及び隊員の重大な受傷事故等の様々なリスクが潜んでいる。消防活動には、従前から「消防活動等に伴う被害が、火災による直接の被害より大きいようでは消防活動が適切であったとはいえない。」とのトータル被害軽減の考え方があり、今日でもリスク管理を実践していくうえでの指標となっている。

　指揮本部長は、トータル被害の軽減に向けてリスクの顕在化と事故、事案等の未然防止に努め、更には火災現場周囲の早期の交通復旧等を含め、消防活動に伴う直接及び間接的な被害の軽減を図る必要がある。

　このためには、リスク管理への感性を高めるとともに、消防活動及び隊員等の掌握力と部隊を適切に統制、管理する統率力が求められる。

第2　指揮隊（大隊長）に求められる能力

　大隊長が、指揮本部長として任務を円滑に遂行するためには、指揮本部長としての能力向上に努めるとともに、大隊長の一言の指示で指揮隊員が有機的に連携して消防活動の中核として機能するように、指揮隊の活動能力の向上を図っておく必要がある。

1 出場途上の措置能力

(1) 出場火災の危険性の推定

　出場時には、気象状況、出場指令番地及び付加指令内容等から出場火災の危険性を推定し、必要により出場部隊への危険性の周知や対応、措置等を途上に下命する必要がある。このためには、現場到着までの限られた時間の中で、気象状況や警防計画及び警防対策（以下「警防計画等」という。）の樹立状況並びに無線の受信内容等から、気象の影響、地域の危険性及び出火建物の危険性等を素早く把握して、出場火災の人命危険、延焼拡大危険及び活動（作業）危険等を推定する能力が求められる。

Point 1-2　出場火災の危険性の把握

区　　分	危険性の把握内容
気象の影響	火災警報発令、強風、乾燥、降雪、渇水等
地域の危険性	①　危険区域（木造建物密集区域等） ②　消防活動困難区域（道路狭隘、軌道敷、傾斜地等消防力の一方偏集）
火点建物の危険性	①　警防計画等の樹立対象物 ②　建物構造の危険性（木造、防火造建物、耐火造建物、高層建物等） ③　建物用途の危険性（住宅、遊技場、飲食店、百貨店、病院、社会福祉施設、ホテル、マンション、倉庫、複合用途ビル等） ④　出火階、場所等の危険性（高層階、地下室、電気室等）

(2)　**危険性の周知、途上命令**

　出場指令番地及び出火建物が、木造建物密集等の危険区域及び特殊消防対象物（倉庫、産業廃棄物処理施設等）等で警防計画樹立対象に該当し、また、消防活動困難区域（道路狭隘、軌道敷、傾斜地等消防力の一方偏集）で警防対策の樹立対象に該当している場合には、警防計画等の樹立対象である旨を速やかに出場部隊に周知し、注意を喚起させるとともに、延焼状況等から人命危険、延焼拡大危険及び活動（作業）危険に対応した下命が必要と判断される場合には、途上命令に配意する。

2　現場到着時の措置能力

(1)　**火災実態の早期把握**

　指揮隊は、現場到着後速やかに火災実態を把握し、警防本部への状況報告や活動方針の下命、応援要請の判断及び初期の指揮対応（人命検索、救助、消火活動等）等の措置を円滑に行う必要がある。この一連の措置の基本となるのが火災実態の把握であり、現場到着後の短い時間の中で、指揮隊の火災実態の把握力が求められる。

(2)　**活動方針の迅速な決定**

　活動方針は、火災実態（人命危険、延焼拡大危険及び活動（作業）危険）に対応し

た消防活動の重点を踏まえ、迅速に決定する必要がある。このためには、これらの危険に対応した活動方針についてあらかじめパターン化を図っておき、このパターンをベースに具体的な活動方針を迅速に決定し、下命できるように能力の向上を図っておく必要がある。

図1-2 活動方針の迅速な決定

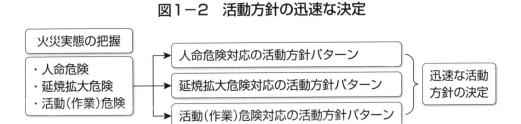

(3) 応援要請の判断力

複数棟に延焼拡大している火災では、現場到着後の火点一巡後、直ちに第二出場や必要部隊の応援要請の判断が求められる。応援要請を迅速に行うためには、大隊長自身が火災実態に対応した応援要請の判断基準を持ち、迅速に応援要請を行うことが必要である。

3 統括指揮能力

(1) 活動方針に沿った統括指揮

指揮本部長は、自ら決定した活動方針に沿って、人命検索、救助及び消火活動等を統括指揮する。例えば「2階の逃げ遅れ者の人命検索、救助を最優先とする。」との活動方針を決定した場合には、2階の逃げ遅れ者の迅速な人命検索、救助活動に必要な指揮対応を組み立てて、具体的な対応、措置等を次々と下命し、人命検索、救助活動を迅速かつ効果的に実施させる指揮能力が求められる。

このためには、あらかじめ人命検索、救助活動を重点とした活動方針の指揮対応について、**指揮対応モデル例1-1**のようにモデル化を図っておき、この「指揮対応モデル」をベースに具体的な対応、措置等を次々と下命できるように訓練を重ね、統括指揮能力の向上を図っておく必要がある。

指揮対応モデル例 1-1　人命検索、救助活動を最優先

① 逃げ遅れ場所等の確認と救助指定中隊等の人命検索活動状況の把握
② 複数（屋内、屋外等）の進入ルートを講じた人命検索活動の指揮
③ 人命検索、救助活動に特別救助隊等の部隊を集中
④ 組織的な活動に配意した指揮

```
   a  特別救助隊、救急隊等の増強が必要な場合には、必要部隊の早期応援要請
   b  人命検索活動体制の早期確立
   c  大隊長の直接指揮又は出張所長等を局面指揮者に指定
   d  活動隊の連携（救出時の救護、搬送体制の確保、隊員の安全管理等）
```

(2) 火災の初期、中期、後期に求められる統括指揮能力

　ア　火災初期の部隊指揮

　　火災初期の部隊指揮は、延焼状況及び救助指定中隊、先着隊の活動状況等から、人命検索、消火活動の着手状況等を確認し、必要により救助指定中隊及び先着隊の屋内進入、人命検索、消火活動等の活動を補正、補完して、早期の人命検索活動体制の確立と迅速な筒先配備を下命するなどの指揮対応が求められる。

Point 1-3　火災初期の部隊指揮のポイント

指揮の区分	主な指揮項目
1　部隊の進入管理	①　複数の進入経路の確保（屋内、屋外からの火点室進入等） ②　屋内、屋外から進入時の活動管理 ③　濃煙熱気内への進入管理
2　人命検索活動の指揮	①　人命検索、救助活動等の着手の確認及び活動の補正、補完 ②　救助指定中隊への人命検索活動等の支援 ③　人命検索、救助活動等への部隊の集中 ④　必要部隊の応援要請
3　消火活動の指揮	①　先着隊の筒先配備状況の確認及び活動の補正、補完 ②　後着隊への筒先配備の下命（筒先の未配備建物、不足箇所等）

　イ　火災中期の部隊指揮

　　火災中期の人命検索活動の指揮は、検索重点箇所での人命検索活動の徹底と逃げ遅れ者情報、避難未確認者の追跡確認による人命検索活動範囲の絞込みを行う。

　　また、消火活動の指揮は、延焼拡大の阻止を重点に、筒先の未配備建物、不足箇所への筒先配備による早期の筒先包囲と延焼防止見込みの判断が求められる。

Point 1-4　火災中期の部隊指揮のポイント

指揮の区分	主な指揮項目
1　人命検索活動の指揮	①　検索範囲の絞込みを重点に人命検索活動を管理 ②　重点検索箇所に部隊を投入 ③　逃げ遅れ者情報、避難未確認者の追跡確認

2 消火活動の指揮	① 延焼拡大阻止を重点
	② 筒先の未配備建物、不足箇所への迅速な筒先配備
	③ 水損に配慮した注水、下階への消火水の影響等の把握
	④ 延焼防止見込みの判断

　ウ　火災後期の部隊指揮

　　火災後期の人命検索活動は、逃げ遅れ者の有無の最終判断に向けた人命検索活動と逃げ遅れ者情報、避難未確認者の追跡確認の徹底を重点とした指揮対応が求められる。

　　また、消火活動は延焼防止の判断と鎮圧、残火処理、鎮火までの消火活動の管理が必要となり、残火処理の指揮にあたっては、残火処理への移行、残火処理基準に基づく残火処理の徹底及び残火処理活動中の事故防止を重点とした指揮対応が求められる。

Point 1-5　火災後期の部隊指揮のポイント

指揮の区分	主な指揮項目
1　人命検索活動の指揮	① 火点室等の人命検索活動の徹底 ② 逃げ遅れ者情報、避難未確認者の追跡確認の徹底
2　消火活動の指揮	① 延焼防止の判断から鎮圧までの消火活動の管理 ② 鎮圧の判断と残火処理への移行
3　残火処理活動の指揮	① 残火処理活動の統制（周囲、高所から実施、残火処理の徹底） ② 残火処理活動中の事故防止

4　指揮本部の運営能力

(1)　先手、先手の指揮本部運営

　　指揮本部長を中心とした円滑な指揮本部運営には、現場到着から火点一巡（火災実態の把握）→状況報告→活動方針の下命→応援要請の判断→人命検索、消火活動の指揮→活動報告→早期の筒先包囲→延焼防止見込み→延焼防止→鎮圧→残火処理→鎮火まで、火災の推移と消防活動の効果を見極め、常に先を読んだ先手、先手の指揮本部運営が求められる。

　　このためには、指揮本部長自身が指揮本部運営能力の向上を図るとともに、指揮担当をはじめ指揮隊員が積極的に情報を共有し、かつ、主導的に担当任務を遂行できるよう能力向上を図らせ、相互のコミュニケーションを醸成しておくことが大切である。

Point 1-6　指揮本部運営情報の共有項目の例

① 第二出場、特殊車両等の応援要請
② 人命検索、消火活動への部隊の投入、消防活動の統制
③ 人命検索活動範囲の絞込み、再検索及び逃げ遅れ者情報、避難未確認者の追跡確認
④ 延焼防止見込み、延焼防止、鎮圧、残火処理への移行等の判断
⑤ 部隊縮小の判断
⑥ 活動（作業）危険の予測及び危険回避措置
⑦ 苦情等の未然防止、再出火防止対策等
⑧ 時間管理

(2) 火災の初期、中期、後期の指揮本部運営

ア　火災初期の指揮本部運営

火災初期の指揮本部運営は、指揮本部の設定、状況報告、活動方針の下命、応援要請の判断及び活動管理等、指揮隊の指揮本部運営能力が問われる。

Point 1-7　火災初期の指揮本部運営のポイント

指揮本部運営項目	主な指揮本部運営の内容
1　指揮本部運営体制の確立	① 指揮本部の設定及び位置の周知 ② 状況報告、活動方針の下命、応援要請の判断 ③ 活動管理（人命検索、救助及び消火活動等） ④ 署隊本部、情報指揮隊との連携 ⑤ 応援指揮隊との連携
2　指揮権移行時の対応	① 上位指揮者に対する災害状況、活動状況等の報告 ② 指揮権移行の周知、警防本部への報告

イ　火災中期の指揮本部運営

(ア)　部隊の活動管理と安全監視

火災中期には、火点建物等の延焼状況及び人命検索、消火活動等の状況から各隊の活動状況を評価し、消防力の優劣を判断して、消防力が不足する場所（箇所）への部隊の投入等、消防活動を適正に管理するとともに、警防本部への適時の活動報告が求められる。

また、火災の中期以降は、モルタル壁及び床等の落下、倒壊の危険性が高くなることから、安全管理隊の隊員を配置し、落下危険箇所等の早期把握や活動時の事故防止等に向けて注意を喚起するなど、部隊の活動管理と安全管理の徹底を図る。

(イ) 延焼防止見込みの判断等

火災中期には、木造、防火造建物火災では、延焼建物上空の噴出火煙の変化（火炎混じりの黒煙から灰色、白煙等に変化）等から筒先包囲完了を判断し、延焼建物、火点建物の消火効果を確認して、「延焼防止見込み」を判断する。また、マンション等の耐火造建物火災では、火点室等から噴出する火煙の変化から筒先進入を判断して、火点室等の消火効果を確認して「延焼防止見込み」を判断する。

なお、判断にあたっては、延焼防止見込み以降の延焼防止の判断、残火処理への移行及び部隊縮小等の対応方針をあらかじめ確認しておくことがポイントである。

Point 1-8 火災中期の指揮本部運営のポイント

指揮本部運営項目	主な指揮本部運営の内容
1 部隊の活動状況の掌握	① 現場指揮板の整理状況 ・部隊の活動状況、逃げ遅れ者情報等の把握状況 ② 応援部隊への円滑な任務下命
2 警防本部との連携	① 活動報告等の管理 ・延焼棟数、面積、延焼拡大危険方向、筒先口数等 ・逃げ遅れ者情報、人命検索、救助活動状況及び避難状況 ② 適時の活動報告
3 安全管理の徹底	① 活動（作業）危険の早期把握 ・モルタル壁、瓦、窓ガラス等の落下危険 ・床抜け、床落下の転落危険 ② 継続的な危険監視
4 延焼防止見込み下命時の対応	① 延焼防止の判断と残火処理体制への移行時期の確認 ・残火処理隊等必要部隊の把握、部隊の縮小等 ② 交通復旧への対応（通行障害等の回避の指示等）

ウ 火災後期の指揮本部運営

(ア) 延焼防止の判断と部隊の縮小

延焼防止見込み以降は、消火活動の効果を確認し、火勢拡大の危険がなくなったと判断される場合には、「延焼防止」を決定する。延焼防止後は、残火処理隊、

現場引揚げ隊等を速やかに指定して、残火処理への移行、部隊の縮小等が円滑に行えるように配意する。

(イ) 火災鎮火時の措置等

鎮火以降は、火災建物の関係者による監視警戒への協力依頼等、関係者への説示を行い、再出火防止の徹底を図らせるとともに、火災の状況により、消防隊による監視警戒体制を確立し、その徹底を図る。

Point 1-9　火災後期の指揮本部運営のポイント

指揮本部運営項目		主な指揮本部運営の内容
1　延焼防止以降の対応	(1)　延焼防止の判断	消火活動の効果の確認
	(2)　残火処理への移行	①　活動方針の変更 ②　残火処理体制の確立（隊の指定、任務分担等） ③　安全管理の徹底
	(3)　部隊の縮小	①　従事、不従事隊の把握 ②　転戦可能隊の把握 ③　引揚げ命令の伝達 ④　火災現場周囲の交通復旧への対応
2　鎮火時の措置	(1)　再出火防止	①　関係者等への説示 ②　消防隊等による監視警戒体制の確立
	(2)　苦情等の未然防止	①　現場引揚げ前の火災建物周辺の影響確認（消防活動に伴う物損、水損等最終確認） ②　影響がある場合は、速やかな関係者、関係部署への対応

5　現場管理能力

(1) **部隊管理及び活動管理**

ア　部隊管理

大隊長には、平素から第一出場のポンプ隊、はしご隊及び特別救助隊等の把握と、個別の応援要請に備えて特殊車（隊）の種類、機能、装備等を把握しておき、火災実態に応じて必要部隊を早期に応援要請し、消防活動の効果を最大限に発揮させることが求められる。

また、ぼや火災時や延焼防止以降においては、二次火災の発生や現場周囲の交通復旧等を考慮して、転戦可能隊の把握や活動隊以外の隊の現場引揚げを速やかに下

命できるように部隊を管理することも必要である。

　イ　活動管理

　　部隊の活動管理にあたっては、常に火災実態と部隊の筒先配備状況等から人命検索、消火活動等の状況を掌握し、活動が困難な箇所や部隊が不足している箇所に余力のある部隊及び待機隊を投入するなど、活動管理と消防活動の適正化が求められる。

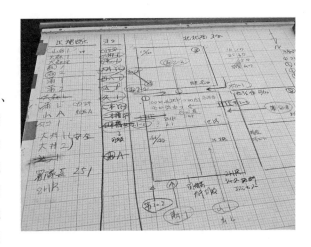

(2) **情報活動の管理**

　ア　重要情報等の収集と消防活動への反映

　　大隊長は、常に人命危険、延焼拡大危険及び活動（作業）危険等の重要情報に留意し、重要情報に接した場合には、直ちに人命検索、消火活動及び危険回避措置等に反映させることが求められる。特に、逃げ遅れ者情報については、人命検索活動と並行して不確定情報の追跡確認や収集情報の洗い直し等を徹底して行い、人命検索活動等に反映させる。

　イ　プライバシーに係る情報の管理

　　火災現場には、関係者等のプライバシーに係る情報が内在しており、平素から個人情報保護法への十分な理解が必要である。

　　火災現場において、個人情報に接した場合には、活動隊員等にプライバシーを侵害することのないように言動等に十分注意させる。特に、特異事案等の発生時には情報管理の徹底が求められるので、プライバシーの保護が組織的に行われるように十分配意する。

Point 1-10　プライバシーの保護対象として考えられるもの

意識、思想、宗教、趣味、学歴、職歴、賞罰、資格、成績、心身の状況、病歴、健康状態、家庭環境、親族関係、社会活動、所得、財産、保険契約、同和問題等

(3) **安全管理能力**

　ア　安全管理の実践力

　　大隊長には、火災現場の責任者として消防活動の安全を確保する責務がある。そのためには、活動（作業）危険を早期に察知し、迅速に危険を回避（排除）させる危険回避措置能力と、安全管理を組織的に実践させるリーダーシップが求めら

れる。

　安全管理は、大隊長の安全管理への意識、感性、知識、技術等が反映されやすい傾向にあることを十分に意識して、過去の事故事例及び教訓等から安全管理の感性及び能力を高め、安全管理の実践力を身に付けておく必要がある。
　イ　安全監視体制の早期確立と迅速な危険回避措置
　　火災現場の安全確保は、現場の危険要因及び潜在危険をいかに早く察知して、危険性を部隊に周知し、迅速に危険回避の対応をとらせることができるかがポイントである。
　　また、活動（作業）危険等を察知した場合には、危険が排除されるまで危険回避の一連の対応、措置等を迅速に下命することが求められる。
　　大隊長は、あらかじめ危険実態に対応した危険回避措置等について**指揮対応モデル例1－2**のように、モデル化を図るなどして、危険回避等の指揮対応が迅速に行えるように配意する。

指揮対応モデル例　1－2　モルタル壁等の落下危険の危険回避措置

```
①　現場確認と落下危険の部隊への周知徹底
　・車載拡声器、携帯無線機等の活用
②　警戒区域の設定と進入規制の周知
　・標示テープ等による区域内への進入規制等
③　警戒区域内の活動監視、統制
　・区域内への隊員の進入制限、安全管理隊による監視等
④　落下危険が大きい場合、落下危険のあるモルタル壁等の強制排除
```

(4)　**リスク管理能力**
　ア　リスク管理の感性等を磨く
　　リスク管理は、頭では理解していても、いざ火災現場に立って見ると具体的なリスクに気がつかない場合が多くある。リスク管理の実践には、豊かな現場経験に裏打ちされたリスクへの感性、対処能力及び統率力が求められる。
　　そのためには、過去の事故事例、教訓及び苦情、紛争事案等からリスクへの感性、判断力等を磨き、事案、事象等に機敏に反応して、リスクを軽減し、回避させることが必要となる。
　イ　苦情等につながる事故、事案等の未然防止
　　火災現場における水損、物損及び住民、通行人の受傷、苦情等の未然防止については、苦情等の端緒となる消防活動及び事象、事案等発生の兆候を早期に察知して、苦情等につながる消防活動及び事故、事案等の発生を未然に防止することが求められる。

また、事故、事案等が発生した場合には、直ちに現場確認を行い、必要な措置及び調査を下命するとともに、担当者を指定して速やかに関係者対応を行わせる（大隊長自らが対応できる場合は、大隊長が対応する。）。

関係者への対応にあたっては、法令に準じた対応を念頭において、理解が得られるように説明する。

Point 1-11　消防活動に伴う苦情等発生時の対応要領

① 報告を受けた場合は、直ちに現場を確認する。
　大隊長が即対応できない場合には、情報担当、情報員（以下、「情報担当（員）という。」）、指揮担当等に現場確認を下命する。
② 対応者を指定し、窓口の一本化を図る。
　相手の要求を特定、写真・メモ等で記録、事実確認を中心に調査する。
③ 対応者の報告等から対応方針を決める。
④ 迅速かつ誠実に対応する。

ウ　再出火防止対策

再出火防止にあたっては、「残火処理には完璧はあり得ず、常に再出火の危険性がある。」との前提に立って、残火処理及び再出火防止対策を指揮することが重要である。特に、残火処理の指揮にあたっては、大隊長自らが残火処理基準（要領）に基づく残火処理の重要性を十分に理解し、人の五感と赤外線カメラ等の資器材を有効に活用した残火処理活動を徹底させる。

また、鎮火の判断にあたっては、自ら残火処理状況を確認するとともに、鎮火後も関係者等への説示、巡回警戒等の実施を管理するなどして、再出火防止対策の徹底を図る。

エ　隊員の重大事故発生時の対応

隊員に重大事故が発生した場合には、**指揮対応モデル例1-3**をベースに、迅速に受傷隊員の救護、搬送を指示するとともに、直ちに事故の拡大防止と再発防止を図る。

重大事故等発生時には、隊員が動揺し現場が混乱する中でも冷静に必要な対応、措置等を下命して、組織的に対応することが求められる。このことから、過去の事例、教訓等から対応要領について研究し、万が一、重大事故が発生しても冷静、的確に対応できるように、対応能力の向上を図っておく必要がある。

> **指揮対応モデル例 1－3　隊員の重大な事故発生時**
> ①　事故発生直後の対応
> 　・受傷程度の確認、受傷隊員の救護、搬送を下命
> 　・活動（作業）危険の周知徹底と活動統制
> ②　警防本部、署隊本部等への即報
> ③　事故状況の調査（事実関係）
> ④　情報管理、報道対応
> ⑤　現場警察官等への対応

(5)　隊員の労務管理

　ア　休憩、熱中症対策等

　　火災現場で、長時間の防ぎょが見込まれる場合並びに熱中症対策が必要な場合には、休憩、栄養補給、給食及び冷水、冷却ベスト等を活用した労務管理が必要となる。

　イ　現場交替

　　産業廃棄物処理施設、大規模倉庫等の火災で、活動隊が非番となっても長時間の活動が予想され現場交代が必要と判断される場合には、警防本部にその旨の報告を行い、関係署所等への交替時間、隊名及び必要事項の伝達と周知徹底を図らせるなどして、現場交替が円滑に行えるよう配意する。

(6)　隊員管理

　　最近の火災事例では、隊員の言動を捉えた意見、苦情等も多く発生している。大隊長は、過去の事例及び意見、苦情等の実態を踏まえ、中小隊長に対して隊員の言動、態度、規律保持等についてこれまで以上に留意させ、リスク管理意識を持って隊員管理を行うよう徹底を図らせる。

(7)　その他の管理（社会情勢の変化等への対応）

　　延焼火災現場では、火災により焼け出された住民等に対する救護や宿泊施設の確保等の対応において、関係機関と連携したタイムリーな対応が求められる。特に社会福祉施設等の火災では、**指揮対応モデル例１－４**をベースに、避難した高齢者等への対応に十分配意するとともに、救護所の手配等、区市町村との連携にあたっては地域の情報に明るい消防団からの積極的な情報収集に配意する。

　　また、バス、電車等の交通機関の早期回復に向けて、**指揮対応モデル例１－５**をベースに関係機関と連携したタイムリーな対応も求められる。

指揮対応モデル例 1-4　社会福祉施設等の被災者への対応

項　　目	対　応　内　容
1　一次救護所の設置	①　救急隊と消防団員を救護にあたらせる。 ②　必要により救護体制を強化 　・救急隊の応援要請（救護所、医療機関搬送対応） 　・資材輸送車（膨張テント、保温用毛布）、補給車（温かい飲み物）、人員輸送小隊等の応援要請
2　一次避難所、宿泊施設の手配、確保	①　現場対応として、区市町村職員、消防団員からの情報収集による、区市町村施設等の一次避難所の把握 ②　署隊本部対応として、区市町村に対して一次避難所、宿泊施設の手配を要請

指揮対応モデル例 1-5　交通障害の排除

項　　目	対　応　内　容
通行障害回避の対応	①　隊を指定して、速やかに通行障害の実態把握及び広報 ②　不従事隊に対し、バス運行に支障とならない場所への移動、交通障害となっているホース線の整理を下命 ③　従事隊、不従事隊、待機隊を把握し、待機隊、不従事隊等の速やかな現場引揚げを下命 ④　担当者を指定し、交通障害の早期回復を徹底（無線下命のみでは徹底困難な場合が多い。）

第2節　指揮本部長補佐の任務

　大隊長が指揮本部長を補佐する場面は、管轄区域内の火災で上位指揮者が指揮本部長となった場合及び管轄区域外の火災に情報指揮隊長、応援指揮隊長として出場した場合である。大隊長は、それぞれの任務を遂行する中で、積極的に指揮本部長を補佐する。

第1　指揮権移行時の大隊長の任務

　指揮権移行時の大隊長の任務は、指揮本部長の行う消防活動及び指揮本部運営等の統括指揮の判断に資するとともに、最大の消防活動効果を挙げるように指揮本部長を補佐することである。

1　上位指揮者現場到着時の措置

(1)　火災実態及び活動状況等の報告

　延焼拡大火災に上位指揮者が同乗し又は現場に到着した場合には、上位指揮者の指揮宣言の判断に資するため、火災実態、活動状況及び措置内容等を速やかに報告し、また、上位指揮者の要請等に応じて必要な具申等を行う。

　火災状況等の報告にあたっては、人命危険、延焼拡大危険、活動（作業）危険及び措置内容等について、ポイントを絞って簡潔に行うように配意する。

Point 1-12　上位指揮者現場到着時の報告ポイント

> ①　延焼棟数、面積、延焼範囲、逃げ遅れ者の状況及び活動状況等のポイントを簡潔に報告し、必要により現場確認を促し、火点を一巡する中で重要な点を具体的に報告する。
> ②　報告内容は、人命危険、延焼拡大危険、活動（作業）危険及び対応状況等を重点とする。
> 　　a　人命危険については、逃げ遅れ者の有無と人命検索活動等の状況
> 　　b　延焼拡大危険については、延焼拡大危険建物、箇所と筒先配備状況（筒先の未配備建物、不足箇所等）

c　活動（作業）危険については、危険箇所、安全管理隊の隊員の配置、危険回避措置等の状況
　③　措置内容等については、活動方針、応援要請及び情報指揮隊等への下命状況等について、ポイントを絞って簡潔に報告する。

Point 1−13　主に指揮権移行が必要と判断される場合

①　第二出場の応援要請が必要と判断される場合
②　報道対応が必要と判断される場合
③　火災態様により、上位指揮者の指揮対応が必要と判断される場合
　・効率的な消防活動の展開、消防活動上の問題等

(2)　上位指揮者の指揮宣言時の対応

　上位指揮者が指揮宣言を行った場合には、直ちに指揮本部長の変更を警防本部に報告させるとともに、出場部隊に周知し、以降は指揮本部長補佐の立場で活動を行う。

2　統括指揮の補佐

(1)　指揮本部長の指揮判断に資する

　指揮本部長の補佐を適切に行うには、人命検索活動の状況、周囲建物への延焼拡大危険、筒先配備の状況及び逃げ遅れ者の追跡確認等の状況を掌握し、適時に報告して指揮本部長の指揮判断に資することが大変重要である。
　このためには、指揮本部長に対して火災実態及び活動状況等について適時の報告を行うとともに、例えば、指揮本部長から「背面の延焼拡大危険、筒先配備はどうなっている。」「火点階（室）の逃げ遅れ者の検索、逃げ遅れ者情報の追跡確認はどうなっている。」等の問い掛けがあった場合には、即答できるように延焼状況及び部隊の活動状況等を常に掌握しておくことが求められる。
　人命検索、消火活動状況等の掌握は、指揮本部長補佐の基本中の基本である。

(2)　指揮本部長下命事項の具現化への対応

　火災現場では、指揮本部長から部隊に対して次々と指示、命令が行われる。大隊長は、指揮本部長からの下命事項を掌握し、下命内容の具現化に向けて受命隊の活動状況を把握、評価して、活動状況、問題点及び必要な対応等を適時に指揮本部長に報告又は具申するとともに、必要により指揮本部長の統制下で活動隊を直接指揮するなど、下命事項の具現化に努める。
　特に、下命事項の優先度を掌握して指揮本部長を補佐することがポイントである。

(3) 第二出場応援要請時の指揮補佐

　第二出場の応援要請時には、応援隊への任務付与等が円滑に行われるように指揮本部長の指揮判断に資することが補佐のポイントである。

　このためには、第二出場隊が現場到着するまでの間に、応援隊への任務付与及び筒先配備等の方針を指揮本部長に確認して、第二出場隊が現場到着時に速やかに任務付与及び筒先誘導等が行えるように努めることが大切である。

　特に、重点箇所への筒先配備等の具現化にあたっては、第二出場隊の現場到着を見計らって、重点箇所に先回りして筒先配備を行わせることがポイントである。

図1-3　第二出場隊への任務付与及び筒先配備の誘導

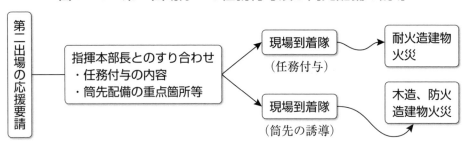

3　指揮本部運営の補佐

(1) 指揮本部指揮隊の機能の発揮

　指揮本部の運営は、指揮本部長を中心に部隊を指揮、統制、管理し、消防活動を組織的に展開させて、消防活動の効果を最大限に発揮させることである。

　指揮本部運営の補佐にあたっては、指揮本部を中心に部隊への指示、命令、報告のサイクルが円滑に回るように、情報収集、無線交信の活性化及び情報共有が積極的に行われるようにする。また、情報指揮隊、署隊本部及び警防本部等との連携が円滑に行われるように、指揮本部指揮隊の機能を最大限発揮させる。

(2) 現場の課題、問題点等の適時の報告

　指揮本部長の現場管理を適切に補佐するためには、現場の様々な問題点、課題及び対策等を早期に報告又は具申して、指揮本部長の現場管理の指揮判断に資することが大切である。

　このためには、消防活動の節目、節目に現場を巡視し、また、現場で飛び交う様々な情報の中から重要情報をキャッチし、必要により現場確認及び追跡確認を行うなどして、現場の課題、問題点等の顕在化に向けた積極的な取組が求められる。

第2 情報指揮隊長の任務

　情報指揮隊長の任務は、指揮本部長の特命する情報に関する重点事項及び報道対応等を最優先とし、各種情報の収集、分析、整理等、情報に関する統括的な業務を行い、消防活動上必要な情報を速やかに指揮本部長に報告することである。

1　迅速な情報収集と処理体制の確立

(1)　情報収集の効率化

　消防活動に必要な情報は、延焼状況や消防活動の効果及び関係者の情報等によって刻々と変化する。情報指揮隊長は、消防活動の重点及び活動方針等から消防活動に必要な情報を推定するとともに、指揮本部で今必要としている情報は何かを積極的に把握して、情報活動を指揮する。

　情報収集のポイントは、指揮本部で優先的に把握したい情報の早期収集である。このためには、指揮本部と密接な連携のもとに、指揮本部が優先的に把握したい情報、追跡確認が必要な情報、不要となった情報等を常に整理し、新たに把握する必要のある情報及び不要となった情報は速やかに情報指揮隊員等にフィードバックして、重複収集や不要情報の収集等を排除した効率的な情報活動を行わせる。

(2)　収集情報の管理

　情報指揮隊長は、その時々の消防活動や報道対応等に必要な情報等を早期に収集、整理して、タイムリーに指揮本部長に報告する。

　収集情報を消防活動や報道対応等に効果的に反映させるためには、「情報収集の特性」や「逃げ遅れ者情報の特性」を踏まえて、常に収集情報の真偽を見極め、必要により情報源、不確定情報の追跡確認や関係者等からの再聞き込み等を指示して、収集情報の信ぴょう性や質を高める取組が不可欠である。特に、報道発表が予測される場合には、あらかじめ報道発表に耐えられる情報収集と情報管理の徹底を図る。

2　報道発表への対応

(1)　報道発表時間等の調整

　火災の状況等から報道対応が予想される場合には、これまでに把握した情報及び報道発表に必要な情報並びに不足情報の収集、整理に要する時間等について指揮本部長とすり合わせを行い、報道発表を前提に発表時間等について調整する。

(2)　報道発表及び結果の報告

　報道発表にあたっては、指揮本部長と発表内容、発表時間、次回の発表予定等の確

認を行い、指揮本部長の指示のもとに報道発表を行う。

また、報道発表を行った場合には、速やかに発表結果、記者の質問内容及び次回の発表予定等を簡潔に指揮本部長に報告する。

図1-4　情報指揮隊長の報道対応

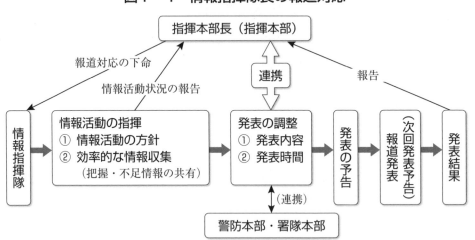

第3　応援指揮隊長の任務

応援指揮隊長の任務は、指揮本部長の下命のもと、活動方針に沿って、担当局面の人命検索、消火活動等を指揮し、部隊の活動を管理することである。

1　局面の指揮

(1) **担当局面の指揮**

局面指揮は、木造、防火造建物火災では指揮本部と反対側（背面）の指揮を、耐火造建物火災では火点階の指揮を下命されることが一般的である。

木造、防火造建物火災での局面指揮は、背面の延焼阻止を担当する場合が多く、担当局面の延焼拡大危険等を見極めて筒先の未配備建物、不足箇所への迅速な筒先配備を指揮する。

また、耐火造建物火災での局面指揮は、火点階（室）及び火点上階の人命検索、消火活動等を指揮して指揮本部長を補佐する。

(2) 指揮本部との連携

　　局面指揮にあたっては、担当局面の活動状況及び消火活動の効果等をタイムリーに指揮本部に報告して、指揮本部の統制下で積極的な連携が図れるように配意する。

　　また、不測の事態等の発生時には臨機の対応を行い、措置内容等を速やかに指揮本部に報告する。

2　前進指揮所担当隊長の指揮

(1) 前進指揮所の指揮

　　前進指揮所担当隊長を下命された場合には、高層建物の場合には原則として火点直下階に、大規模倉庫、工場等の大規模建物の火災の場合には、指揮本部と反対側の進入拠点の近くに前進指揮所を設置して、担当範囲の人命検索、消火活動を指揮する。

(2) 前進指揮所機能の発揮

　　前進指揮所設置時には、指揮本部との連絡ルートを速やかに確保し、適時の報告を行うとともに、人命検索、消火活動等が円滑に実施できるよう、必要な資器材の集積、伝令、交代要員の確保及び救護、救援体制等を確保して、前進指揮所の機能を十分に発揮させる。

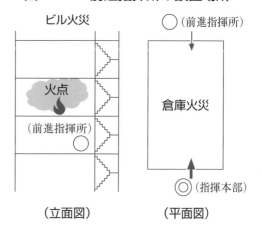

図1-5　前進指揮所の設置場所

第4　安全管理担当隊長の任務

　情報指揮隊又は応援指揮隊として出場し、指揮本部長から安全管理担当隊長の下命を受けた場合には、安全管理隊を指揮し、火災現場及び消防活動の危険要因、潜在危険等を積極的に把握して指揮本部長に報告するとともに、必要な安全対策、措置等について助言（以下、指揮本部長が上位指揮者の場合は「具申」に読み替える。）を行い、危険が切迫し緊急を要する場合には、進入禁止等の活動統制や一時退避等の措置を講じるなどして、指揮本部と連携する。

1 安全監視体制の早期確立等

(1) 安全管理隊の隊員の配置

　木造、防火造建物の延焼拡大火災現場では、安全管理隊の隊員を要所に配置して、早期に安全監視体制を確立させることが大切である。安全管理隊の隊長から現場の危険箇所、危険要因及び安全管理隊の隊員配置状況等を確認するとともに、携帯無線受信の徹底と監視要領等を具体的に指示して、消防活動及び現場の安全監視の徹底を図らせる。

Point 1-14　消防活動の危険要因

> ① 特異な燃焼現象、建物の倒壊危険、壁、窓ガラス等の落下危険、床落下、床抜け危険、転落・転倒危険、放水による危険、感電危険等
> ② 災害状況、建物構造、活動状況、気象条件、自然環境等

(2) 安全監視状況の報告の徹底

　安全監視状況の把握には、安全管理隊の隊員から安全管理隊の隊長に、安全管理隊の隊長から安全管理担当隊長に安全監視の状況が適時に報告されていることが必須である。

　特に、安全管理隊の隊員からの「異常なし」の定期報告が適切に行われなければ安全監視が形骸化し、また、緊急事案発生時の適切な報告が困難となることから、安全管理隊の隊長に対して、隊員に対する定期報告の励行を徹底しておく。

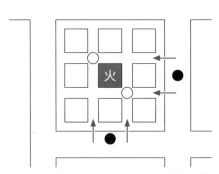

図1-6　安全管理隊の隊員配置の例

○：安全管理隊の隊員　●：移動監視

2 危険回避措置の要請、助言等

(1) 危険回避措置の要請、助言

　安全管理担当隊長は、活動（作業）危険を察知し又は確認した場合には、直ちに指揮本部に報告し、部隊への危険性の周知と危険回避措置等を指揮本部長に要請するとともに、指揮本部長に対して現場確認、警戒区域の設定、区域内への進入統制、活動監視、活動（作業）危険の強制排除等の一連の危険回避措置について積極的に助言する。

　この場合、活動（作業）危険の態様等から隊員等を緊急に退避させる必要がある場

合には、直ちに一時退避、進入禁止等の危険回避措置を講じて、その旨を指揮本部長に速やかに報告する。

(2) **活動統制等の実効性の確保**

　安全管理担当隊長は、指揮本部長から火点建物からの退避命令や火災建物への進入禁止等の措置が下命された場合には、指揮隊車、ポンプ車等の車載拡声器等により活動（作業）危険及び危険回避措置等の内容を繰り返し周知させるとともに、安全管理隊の隊長に対して火点建物からの一時退避及び進入禁止等の徹底を具体的に指示する。

　危険回避措置の実効性の確保は、安全管理担当隊長の重要な責務である。必要の都度、危険箇所を巡回して、危険回避措置内容の徹底状況を確認するとともに、安全管理隊の隊長に対して部隊への危険回避措置内容の繰り返しの周知と、安全管理隊の隊員の配置、巡回等による活動（作業）危険の監視の徹底を指示して、実効性を確保させる。

　また、モルタル壁等の落下危険がある場合で、進入統制の実効性の確保が困難な場合には、安全管理隊の隊員等の増強による活動統制の強化又はモルタル壁等を強制的に落下させるなどの危険排除を助言する。

第2章

出場途上及び現場到着時の措置

　出場から現場到着までの指揮隊の措置は、出場指令内容等から出場火災の危険性を推定して、必要により出場途上に危険性を周知し、対応、措置等を下命することである。

　また、現場到着時の措置は、火点一巡等により速やかに火災実態を把握して、状況報告、活動方針の下命、第二出場応援要請の判断、指揮本部の設置及び部隊指揮等の初動対応を円滑に行うことである。

第1節　出場途上の措置

　指揮隊の出場時の措置は、出場途上に出場部隊を確認するとともに、出場指令内容や無線情報等から出場火災の人命危険、延焼拡大危険及び活動（作業）危険を推定して、必要により部隊への危険性の周知や対応、措置等を下命し、更には現場到着後の火災実態の把握、状況報告、活動方針の下命等の初動対応が円滑に行えるように備えることである。

図2-1　出場途上の状況判断

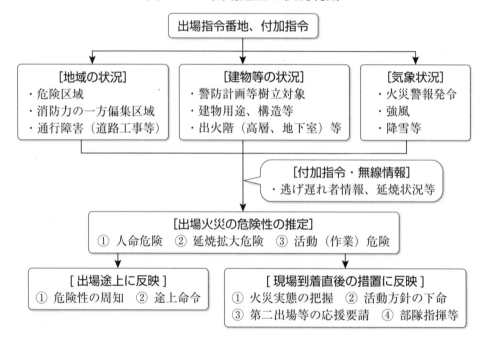

第1　出場部隊の把握

出場時には、現場到着後の部隊指揮等に備え出場部隊を確認する。

1　救助指定中隊等の確認

　出場時は、現場到着後の部隊指揮等に備え、出場途上において、救助指定中隊をはじめ、

先着隊、はしご隊、特別救助隊等の隊名を頭に入れて現場に臨むことは、現場到着直後の下命や活動状況等の報告を求める場合に必須である。あらかじめ伝令に対し、出場隊名の情報共有について徹底を図っておくものとする。

2　出場隊の遅延報告等の確認

　出場途上において、出場隊から「出向」「踏み切り」「渋滞」等の遅延報告を受信した場合には、その旨の情報共有を図るとともに、特に救助指定中隊、はしご隊及び特別救助隊等が遅延する場合には消防活動への影響等に配意する。

第2　出場火災の危険性の推定等

　出場火災の危険性の推定は、現場到着までの限られた時間の中で気象状況、出場指令番地、付加指令内容及び警防計画等の樹立状況等から、対象火災の人命危険、延焼拡大危険及び活動（作業）危険をいかに迅速に推定することができるかがポイントである（Point 1−2参照）。
　このためには、指揮隊用携帯端末を有効に活用した情報収集が必要である。

1　出場火災の危険性の推定

(1)　**気象状況からの危険性の推定**

　　火災警報発令時や強風時等には延焼速度が速いことから、延焼拡大危険及び飛火の危険性を推定する。
　　また、降雪時には、積雪、凍結等による消防隊の現場への到着遅延及び消防活動の困難性等により、消火活動の着手が遅延し又は隊員等が転倒、転落する危険があることから、延焼拡大危険及び隊員等の受傷危険を推定する。

(2)　**出場指令番地からの危険性の推定**

　ア　警防計画等樹立対象の危険性の推定

　　出場指令番地からの危険性の推定は、出場指令番地に危険区域、消防力の一方偏集による消防活動困難区域及び特殊消防対象物等警防計画等樹立対象の該非を確認し、警防計画等樹立対象がある場合には警防計画等の樹立理由（多数の人命危険、延焼拡大危険、消防活動上の重大な障害、隊員の安全管理上特に配意を要する場合等）等により危険性を推定する。
　　大隊長は、第一出場区域内にどのような警防計画等樹立対象があるかをあらかじめ確認しておくとともに、警防視察等により樹立対象の危険性及び指揮対応要領等

を事前に把握して、火災発生時には被害の軽減に向けた円滑な指揮を行えるように備える。

Point 2−1　警防計画等の樹立理由と主な樹立対象

樹立理由	警防計画等の主な樹立対象
1　多数の人命危険	①　超高層建築物、地下街等 ②　その他不特定多数を収容する建物 　　劇場、映画館、百貨店、旅館・ホテル、病院、社会福祉施設、風俗店、複合用途ビル等
2　延焼拡大危険要因	①　危険区域、消防力の一方偏集による消防活動困難区域 ②　木造大規模建物等 ③　異常気象時（火災警報、乾燥注意報発令、強風、降雪等） ④　水道断減水、通行障害等
3　消防活動上の重大な障害・隊員の安全管理	①　放射性物質関係施設、毒・劇物関係施設等 ②　定温・冷蔵倉庫、産業廃棄物処理施設、工場等

イ　署所の直近火災

　出場指令番地が直近火災の場合には、往々にして目前の状況に惑わされ、また現場到着までの時間が少ないなどの理由により、冷静さを欠き判断を誤ったり、重要事項が欠落することがある。

　大隊長は、あらかじめ直近火災の警防計画等を確認しておくとともに、直近火災時の対応要領等の徹底を指示しておく。

Point 2−2　直近火災時の対応

①　車両に乗車しての出場を徹底する（隊員個々に行動させない。）。
②　駆け付け通報の場合には、出火場所の特定、火災状況等を確認するため、通報者を確保し、原則として同乗させ、所在、火点、状況等を確認する。
③　直近火災警防計画等の徹底を図る。

(3)　**出場建物の危険性の推定**

　出場建物の危険性の推定は、出場建物が警防計画等樹立対象に該当しているか否か、火災建物の用途、構造、出火階等から概ね判断することができる。警防計画等樹立対象については、前(2)アのとおり樹立理由等から危険性を推定するが、出場建物の用途等については、出場指令時に流れる「○区○町○丁目○番○号、●●、○階出火」（●●部分を次の用途に置き替える：住宅、アパート、ビル、マンション、ホテル、倉庫、百貨店、地下室、電気室等）等の指令内容から、出場建物の用途、構造、出火

階等を総合的に判断して、人命危険、延焼拡大危険及び活動（作業）危険を推定する。

(4) **付加指令、無線内容等からの危険性の推定**

出場時又は出場途上において、「延焼中の模様」「黒煙が激しく噴出中」「3報入電中」「逃げ遅れ者多数ある模様」「爆発音がしている」

「火点、○側に病院あり」等の付加指令及び無線情報を受信した場合には、付加指令等の内容から延焼拡大危険、人命危険及び活動（作業）危険等を推定する。

なお、その後の入電情報を追跡確認する必要がある場合には、伝令に対して警防本部、署隊本部への情報提供の要請を指示する。

2 火災建物の危険性の推定

(1) **建物用途からの危険性の推定**

火災建物には、建物用途特有の危険性がある。一般的に、劇場、映画館、百貨店、旅館・ホテル、病院、社会福祉施設、風俗店及びこれらを含む複合用途ビル等の場合には多数の人命危険を推定し、木造大規模建物、倉庫、工場等の場合には延焼拡大危険を推定する。さらに、倉庫、工場、毒・劇物貯蔵施設等の場合には、進入時等における荷崩れ、落下危険、中毒・薬傷危険及び退路を絶たれるなどの活動（作業）危険を推定する。

火災建物の用途の危険性は、人命危険、延焼拡大危険及び活動（作業）危険と幅広く、また、その危険性が複合するなど危険性も様々であり、危険性の推定にあたっては用途特性、建物構造等を踏まえ、火災建物ごとに危険性を推定する必要がある。

Point 2-3 建物用途の危険性の推定と指揮判断の例

① 火災建物の用途（ホテル）⇒危険性の推定（多数の人命危険）⇒消防活動の重点（人命の検索・救助、避難誘導）⇒指揮判断（人命検索、救助活動、避難誘導体制の早期確立、早期に必要部隊の応援要請等）

② 火災建物の用途（倉庫等）⇒危険性の推定（活動（作業）危険：落下物、荷崩れ、退路を断たれる等）⇒消防活動の重点（隊員の安全管理）⇒指揮判断（進入禁止、指定隊以外は進入禁止、活動隊の一時退避等）

(2) 建物構造等からの危険性の推定

ア 木造、防火造建物火災の危険性の推定

出火時間帯（昼間、深夜）等によって人命危険や周囲建物への延焼拡大危険も異なる場合があり、特に深夜時間帯の場合には、火災の発見の遅れ等による逃げ遅れ者及び延焼拡大危険等を推定する。

イ 耐火造建物火災の危険性の推定

建物の用途、出火階等の危険性に加えて、立体的な延焼と濃煙熱気等に起因する人命危険、延焼拡大危険及び活動（作業）危険を加味して危険性を推定する。

また、出場時に「20階出火」「地下室出火」等、特定階（室等）を出火場所とした出場指令があった場合には、高層階では人命危険を、地下室では人命危険及び進入危険等を推定する。

第3　危険性の周知と途上命令

異常気象時（火災警報発令、強風及び降雪等）の火災や出場火災が警防計画等樹立対象（危険区域、消防力の一方偏集による消防活動困難区域、特殊消防対象物等）に該当している場合及び延焼中、逃げ遅れ者等の情報がある場合には、必要により途上に危険性の周知や対応、措置等を下命する。

危険性の周知や対応、措置等を迅速に下命するためには、あらかじめ人命危険、延焼拡大危険及び活動（作業）危険に対応した危険周知及び途上命令のパターンを整理しておき、大隊長の一言の指示で迅速に周知及び下命できるようにしておくことが大切である。

1 異常気象時における消防活動の重点と危険性の周知等

(1) 異常気象時における消防活動の重点

火災警報発令、強風時等には、乾燥及び強風等による延焼拡大危険が予想され、また、降雪時には積雪、凍結等による消防隊の到着遅延及び筒先配備の遅れ等による延焼拡大が予想されることから、必要により途上に対応、措置等を下命する。

異常気象時の対応については、大交替及び日夕点検時等に必要な指示及び措置等を行う余裕があるので、事前に各中小隊長に必要事項を指示し、備えさせておくことが大切である。

Point 2-4　異常気象時の消防活動の重点

項　　目	消　防　活　動　の　重　点　等
1　出場強化、火災警報発令、強風時等	①　第二出場等の早期応援要請 ・出場強化時は、「延焼中」で第二出場となる。 ②　早期の筒先包囲及び大量放水体制等の確立 ・多口放水による筒先包囲 ・大口径ノズル、放水銃等の活用 ③　飛火に配意した消火活動
2　降雪時等	①　早期の応援要請 ②　積載資器材の増強等（積載ホースの増強、積雪除去用資器材等） ③　積雪、凍結等による転倒、転落等の事故防止

(2)　**危険性の周知、途上命令**

　火災警報の発令、強風時には、延焼拡大危険が大きいことから、必要により早期の筒先包囲、大口径ノズル、放水銃の活用等の対応、措置等を途上に下命する。

　また、降雪時には積雪、凍結等による隊員の転倒、落下等の事故防止について周知する。

2　危険区域等における消防活動の重点と危険性の周知等

(1)　**危険区域等における消防活動の重点**

　出場指令番地が木造建物密集の危険区域に該当している場合には、延焼拡大危険が予想され、早期の筒先包囲体制の確立が消防活動の重点である。

　また、道路狭隘、軌道敷及び傾斜地等で消防力の一方偏集による消防活動困難区域に該当している場合には、筒先配備も一方に偏って配備される傾向にあるので、ホース延長による早期の筒先包囲が消防活動の重点となる。

Point 2-5　地域の延焼拡大危険に対応した消防活動の重点

地域の延焼拡大危険	消　防　活　動　の　重　点
1　木造建物密集区域	①　多口放水による早期の筒先包囲体制の確立 ②　大口径ノズル、放水銃等の活用
2　消防力の一方偏集区域（道路狭隘、軌道敷、傾斜地等）	①　ホース延長により火点を迂回しての筒先包囲体制の確立 ②　後着隊（車両）の進入経路の確保

(2) 危険性の周知、途上命令

危険区域及び消防力の一方偏集による消防活動困難区域に該当している場合の危険性の周知は、該当している旨と指定理由を付加して速やかに周知する。

また、途上に下命が必要な場合には、消防活動の重点を踏まえて速やかに下命する。

[危険区域、消防活動困難区域の危険性周知の例]

区　　分	危　険　性　の　周　知　等
危険区域	「災害○○、危険区域に該当、木造建物密集、終わり。」
消防活動困難区域	「災害○○、消防力の一方偏集による消防活動困難区域に該当、道路狭隘、終わり。」

3 警防計画等樹立対象における消防活動の重点と危険性の周知等

(1) 警防計画等樹立対象における消防活動の重点

出場火災が警防計画等樹立対象に該当している場合には、警防計画等の樹立理由等から多数の人命危険、延焼拡大危険及び活動（作業）危険等を判断するとともに、計画内容から消防活動の重点を確認する。

なお、警防計画等によっては、人命危険、延焼拡大危険及び活動（作業）危険の全てに該当している場合もあり、火災の状況等によって消防活動の重点を判断する。

Point 2-6　警防計画等の危険性に対応した消防活動の重点の例

項　　目	消　防　活　動　の　重　点
1　多数の人命危険	①　人命検索、救助活動及び避難誘導 ②　検索、救助、避難誘導体制の早期確立 ③　早期に必要部隊の応援要請
2　延焼拡大危険	①　早期の筒先配備、筒先包囲体制の確立 ②　警戒筒先の早期配備
3　消防活動上の重大な障害・隊員の安全管理	①　部隊の活動統制、進入統制 ②　注水統制等（禁水性物質、変電室等） ③　水損防止に配慮

(2) 危険性の周知、途上命令

火災建物が警防計画等樹立対象に該当している場合の危険性の周知は、警防計画等に該当している旨と、計画番号及び計画樹立理由（人命危険、延焼拡大危険、活動（作業）危険等）等を付加して速やかに周知する。

[危険性の周知、途上命令の例]

「災害○○、警防計画樹立対象物に該当、人命危険、計画番号「○○」、終わり。」

　また、倉庫、産業廃棄物処理施設等の火災で、延焼状況等から消防隊の進入を制限する必要があると判断される場合には、躊躇することなく対応、措置等を途上に下命し、出場隊に安全確保を図らせるものとする。

4　建物火災における消防活動の重点と危険性の周知等

(1)　建物火災における消防活動の重点
　ア　木造、防火造建物火災の消防活動の重点
　　住宅、アパート等の火災は、死傷者の発生する割合が高く、出場時に「黒煙噴出、延焼中の模様」等の付加指令がある場合には、人命危険及び周囲への延焼拡大危険が予想されることから、人命検索活動及び周囲への延焼阻止が消防活動の重点となる。

Point 2-7　木造、防火造建物火災と消防活動の重点の例

建物構造区分	消防活動の重点
1　木造、防火造建物火災	①　人命検索、救助活動 ②　周囲への延焼阻止
2　木造大規模建物火災	①　人命検索、救助活動、周囲への延焼阻止 ②　大口ノズル、放水銃等の活用 ③　飛火火災への配慮

　イ　耐火造建物火災の消防活動の重点
　　耐火造建物火災は、火災特性及び消防活動の困難性等から出火階、出火場所及び建物用途等により消防活動の重点が異なることから、その状況に応じて消防活動の重点を判断する。

Point 2-8　耐火造建物火災の消防活動の重点の例

区　分	消防活動の重点
一般的な耐火造建物火災	①　人命検索、救助活動、上階への延焼阻止 ②　はしご隊等の進入経路の確保 ③　連結送水管の活用 ④　注水統制、水損防止
高層、超高層建物火災	①　人命検索、救助活動、避難誘導を最優先 ②　防災センターの活用（関係者、消防用設備等から火災状況を把握）

	③ 情報連絡ルートの早期確立(非常電話、放送設備、携帯無線機等) ④ 消防隊の進入ルートの早期確保（非常用エレベーター） ※スプリンクラーヘッドの作動、水損防止も念頭におく。
地下室火災	① 進入統制、単独行動の厳禁、呼吸器、携帯警報器等の完全な着装 ② 注水統制、水損防止 ③ 内部区画、通路、用途、収容物等の早期把握（図面等の確保） ④ 排煙口、吸気口及び進入口の設定 ⑤ 排煙高発泡車等の要請

Point 2-9　建物用途と消防活動の重点の例

建物用途	消 防 活 動 の 重 点
百貨店	① 迅速な応援要請 ② 従業員、避難者等を指定場所に集める(逃げ遅れ者情報の収集)。 ③ 人命検索、救助活動の重点階、重点場所の指定 ④ 延焼範囲、防火戸、防火シャッターの作動状況の確認 ⑤ 進入隊の進入ルートの指定(使用階段、非常用エレベーター等)
ホテル・旅館	① 人命検索、救助活動及び避難誘導 ② 宿泊者名簿、マスターキー、平面図の確保 ③ 避難者を指定場所に集める（逃げ遅れ者確認と再入室等による二次的災害の防止）。
劇場・映画館	① 客の避難誘導及び人命検索、救助活動 ② 舞台部等への進入統制（大道具等の落下物） ③ 放水銃等の活用 ④ 平面図等の確保（内部構造を進入隊員に理解させる。）
病院	① 人命検索、救助活動は、避難困難者を優先 ② 避難困難者の収容室の早期把握 ③ 避難者及び転院収容者等の確認（逃げ遅れ者確認） ④ 救護所の設置 ⑤ 救急隊及び救急資器材の早期要請
倉庫	① 進入統制、単独行動の厳禁（必要により活動隊の退避） ② 収容物の把握（危険物、毒・劇物、荷崩れの危険等） ③ 屈折放水塔車、工作車、無人放水車等の要請、活用 ④ 冷凍、定温倉庫等は、断熱材等による燃焼変化、爆燃に留意
複合用途ビル	① 事業所ごとの避難状況の確認（責任者の早期確保、活用） ② 内部区画、通路、用途等の早期把握(図面等の確保、ダクト図) ③ 注水統制、水損防止

高層共同住宅	① 火点階（室）への進入は、屋内、屋外の二方向を確保 ② 連結送水管の活用 　（連結送水管セット、投光器、エンジンカッター等破壊器具の搬送） ③ 上階への警戒筒先配備、注水統制、水損防止
電気室	① 注水厳禁　② 進入統制
計算センター等	① 注水統制　② 水損防止

(2) **危険性の周知等**

　出場火災の出火階、出火場所、建物用途及び延焼状況等からの消防活動の重点を踏まえ、危険性を周知する必要があると判断した場合には、速やかに周知する。

　なお、警防計画等樹立対象に該当している場合は、3「(2)　危険性の周知、途上命令」によるものとする。

第4　現場到着直前の措置

　出場途上においては、到着後の火災実態の把握、状況報告、活動方針の下命等の措置が円滑に行えるように、指揮隊員の任務の再確認や救助指定中隊等の無線を積極的に受信する。

1　指揮隊員の任務等の再確認

　出場途上の無線情報等から延焼拡大中である旨を確認した場合には、現場到着までの限られた時間の中で、指揮隊員に対して簡潔に「大隊長は右回り、指揮担当は左回りで実態把握」「合流時に延焼棟数と延焼面積の確認」「○○隊の活動状況（途上命令の履行状況）の確認」「情報担当（員）は関係者の確保、逃げ遅れ者情報の収集」等と具体的に指示して、現場到着後の実態把握、状況報告、活動方針の下命、応援要請の判断及び指揮本部の設置等が円滑に行われるように、指揮隊員の任務及び初動対応等を再確認する。

2　現場接近時の携帯無線の受信

　救助指定中隊からの第一報は、逃げ遅れ者情報、延焼状況等の重要な情報を含んでいる場合が多く、例えば、救助指定中隊長から「住宅1、2階延焼中、周囲に延焼拡大危険大」「逃げ遅れ者ある模様」「逃げ遅れ者なし情報源、家族」等の無線を受信できれば、現場到着直後の迅速な指揮対応につながる。

　現場付近に接近した場合には、救助指定中隊長等の携帯無線の交信を積極的に受信し、現場到着後の指揮対応が速やかに行えるように配意する。

第2節 現場到着時の措置

　現場到着後の大隊長の任務は、火点一巡により速やかに火災実態及び救助指定中隊、先着隊の活動状況を把握して、指揮隊が現場到着後の概ね5分以内に行う状況報告をはじめ、活動方針の下命、第二出場等応援要請の判断及び指揮本部の設置等必要な措置を行い、火災実態に対応した消防活動体制を早期に確立することである。

図2-2　現場到着時の措置

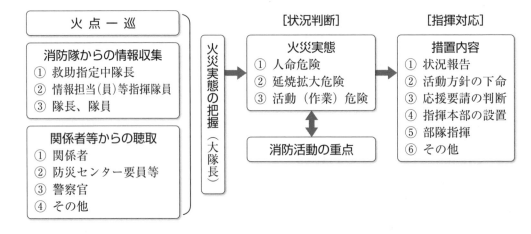

第1　火災実態等の把握

　現場到着時の火災実態の把握は、火点一巡による現場確認、指揮隊員及び救助指定中隊長等からの報告並びに関係者等からの聴取等により総合的に行う。

1　火点一巡による火災実態の把握

(1) 火災実態の早期把握

　ア　実態把握は、状況報告を目標に速やかに

　　　火災実態の把握は、指揮隊の現場到着後の状況報告、活動方針の下命及び第二出場等の応援要請の判断等の措置内容を踏まえて行う。特に、実態把握は、現場到着

後概ね5分以内に行う状況報告を目標に、把握内容を絞り込んで迅速に行うことが大切である。

　大隊長の経験が浅い場合には、現場到着時に火点を一巡、二巡しても延焼状況や先着隊の活動状況等を要領よく把握することができない場合がある。効率よく火災実態等を把握するためには、火点一巡後に指揮隊員が速やかに合流するなどして、逃げ遅れ者の有無、火点建物、周囲建物の延焼状況及び救助指定中隊、先着隊の活動状況等について把握内容のすり合わせを行い、情報共有を図る習慣付けが大切である。

　火災実態の迅速な把握は、現場経験を積む中で容易に把握できるようになっていくが、その過程で、大隊長としての火災実態把握のスタイルを確立していくことが大切である。

　このためには、過去の延焼火災の経験や火災事例、教訓等を幅広く検討、研究して、火災実態の把握に生かせるよう地道な取組が求められる。

Point 2-10　火点一巡時の実態把握ポイント

① 延焼状況の確認
　火点建物の延焼状況、火点建物の街区内の位置(ブロック内、面、角)、周囲建物の延焼状況(何棟、何㎡)、延焼拡大危険方位等を確認する。
② 逃げ遅れ者情報は、まず関係者確保の確認から
　逃げ遅れ者の状況は、火点建物の関係者を早期に確保して確認する。関係者を早期に確保できれば信ぴょう性の高い逃げ遅れ者情報を聴取できる(例えば「母(高齢者)が、2階に逃げ遅れている。」「家族全員避難した。」等)。
③ 人命検索活動の状況と筒先未配備建物等を早期に確認
　ホースライン等から、火点建物への救助指定中隊の進入状況、周囲建物への筒先配備状況及び筒先未配備建物等を早期に確認する。

　イ　情報担当(員)への定期報告の徹底
　　情報担当(員)に重要情報等のタイムリーな報告を行わせるには、指揮本部への報告を励行する中で、指揮本部が今必要としている情報は何かを把握し又は積極的に聴き出して、情報活動に反映させていく姿勢が求められることから、情報担当(員)には重要情報等が取れない場合でも、情報がない旨の定期報告の励行を徹底しておく。

(2) **木造、防火造建物火災の実態把握要領**
　ア　逃げ遅れ者情報の把握
　　逃げ遅れ者の状況は、現場到着時に救助指定中隊長からの無線報告又は救助指定中隊長に直接接触して聴取するとともに、火点建物付近の住民の行動や「逃げ遅れ

者がいるらしい」等の声等に耳目を働かせて把握に努める。

　ある火災現場では、大隊長が住民の会話の中に「（火点建物の）裏口付近で声がした。」との話を聞き、裏口の戸を開けさせたところ、逃げ遅れ者（老人）がうずくまっていた事例がある。

　逃げ遅れ者情報の把握は、「必ず逃げ遅れ者がいる。」との前提に立って積極的に耳目を働かせることによって可能となる。この前提に立たないと、重要情報も単なる住民のつぶやき、会話として処理され、逃げ遅れ者情報に結びつくことはない。

イ　延焼状況の把握

(ア)　周囲建物への延焼拡大危険の把握

　周囲建物への延焼拡大危険の把握は、火点一巡時に火点建物の延焼状況を確認するとともに、隣接する周囲建物への延焼拡大危険を敷地境界線上に立って次々と把握する。延焼拡大危険の判断は、火点建物からの火炎の噴出状況、隣接建物との保有距離及び開口部の状況等から判断する。

　また、火点建物から隣接建物に延焼拡大危険がある場合及び既に建物内に火が入ったと判断される場合には、直ちに隣接建物への筒先及び警戒筒先の配備を下命する。

(イ)　延焼棟数、面積の確認

　効率よく延焼状況を把握するには、例えば「災害○○、①ブロック内火災にして、②住宅、③２階より、④火煙激しく噴出中、⑤北側に延焼拡大危険大」と状況報告等に反映させる要領で把握すると、容易に延焼状況等を把握することができ、かつ、活動方針、応援要請等に反映させることができる。

　また、火点一巡後には、把握した延焼棟数、延焼面積等について、指揮担当及び伝令等とすり合わせを行い、判断するとともに、複数棟の延焼拡大火災の場合には類焼建物番号（②建物、③建物、④建物・・・等）の付与をも頭の隅において確認することが大切である。

> **【火災初期において火点建物を②建物とした事例】**
> 　道路狭隘地域のブロック内火災で、消防隊到着時住宅２棟が火炎に包まれ激しく延焼中であった。目視のみでの火点建物の判別が困難な状況の中で、火点建物を②建物と判断してしまったために、火点建物の救助対応が手薄の状況となった事例がある。

Point 2-11　延焼状況の把握ポイント

> ① 街区の火災では、火災建物がブロック内、面、角のいずれにあるか
> ② 火点建物の建物構造・用途は何か
> ③ 火点建物の延焼している階は1階か、2階か、全焼か
> ④ 火点建物の程度は（白煙噴出、黒煙噴出、火煙激しく噴出、○○㎡延焼中等）
> ⑤ 火点建物のどの面から火炎が噴出しているか、どの方向に延焼拡大危険はあるか
> ⑥ 火点建物に隣接する建物部分は、窓か、外壁か
> ⑦ 周囲建物、何棟、何㎡に延焼しているか
> ⑧ 火点建物の屋根が焼け抜け、火の粉が飛散しているか
> ⑨ 延焼建物に隣接して耐火造建物があるか、延焼拡大危険はあるか

　ウ　隊の活動状況の把握

　　消防隊の活動状況の把握は、指揮隊の到着時期によっても着眼点は異なるが、一般にはホースラインが火点建物、延焼建物及び延焼拡大危険のある建物内に延びているか、否かにより確認する。これは、火点建物の人命検索活動の着手状況と早期の筒先包囲に向けた、筒先の未配備建物、不足箇所の早期把握にある。

　　大隊長が火災実態把握時に、ホース延長中及び筒先配備中の活動隊員を確認した場合には、把握している延焼状況や逃げ遅れ者情報等を簡潔に説明し、筒先配備位置を下命する。

　　また、筒先の未配備建物等の近くに消火筒先が延びてきた場合には、隊長に延焼状況等を簡潔に説明し、筒先未配備建物等への筒先配備を下命する。

(3)　耐火造建物火災の実態把握要領

　ア　出火階及び建物用途等による危険性の把握

　　耐火造建物火災の場合には、出火階、出火場所及び建物用途等によって危険性や消防活動の重点も異なる（Point2-8、Point2-9参照）。現場到着直後の火点一巡時に、外観から火災建物の用途、出火階及び延焼状況等を確認して、人命危険、延焼拡大危険及び活動（作業）危険を把握する。

　イ　逃げ遅れ者情報の把握

　　逃げ遅れ者情報の把握は、現場到着時の救助指定中隊長との接触及び関係者等を確保して逃げ遅れ者の有無を確認するとともに、避難者、社員、住民等の言動から逃げ遅れ者の把握に努める。特に、不特定多数の者を収容する防火対象物、ホテル等の宿泊施設、風俗店等については、早期に関係者等からの情報を整理するとともに、あらゆる手段（台帳等）により早期把握に努める。

ウ　延焼状況の把握

耐火造建物火災は、外観から延焼状況の確認が困難な場合や、煙等により惑わされ内部の延焼状況の把握が困難な場合があるので、延焼状況の把握にあたっては、先着隊や関係者等から状況を聴取するとともに、自動火災報知設備の作動状況及び防災センター等により確認する。

延焼状況の把握のポイントは、Point2－11と同様に、状況報告に反映させる要領で、例えばマンション火災の場合には、「災害○○、①耐火○／○階共同住宅、②○階、③ベランダより、④火煙激しく噴出中、⑤上階に延焼拡大危険大」と把握すると、容易に延焼状況等を把握することができる。

また、複数階に火炎の噴出が認められる場合には、「災害○○、①（構造階層用途）火災、②○階、○階の、③開口部より、④火煙激しく噴出中、⑤上階に延焼拡大危険大」となる。

特に、延焼中の場合には、階段室、廊下の濃煙熱気の状況を早期に把握して、屋内階段から火点階（室）への進入の困難性及び屋外からの火点階（室）への進入手段等を判断する。

2　救助指定中隊長からの報告聴取

(1) 携帯無線による大隊長への報告の徹底

現場到着時には、救助指定中隊長とすぐに接触できるとは限らない。大隊長が現場到着時に、救助指定中隊長に大隊長への報告を徹底させるには、携帯無線を活用し、「○○大隊長から出場各隊、○○大隊長現場到着、○○中隊長、状況を報告せよ。」などと大隊長の現場到着を宣言し、救助指定中隊長に対して報告を求める。

また、救助指定中隊長から無線による報告があった場合には、逃げ遅れ者及び延焼状況等の報告聴取後に、救助指定中隊長の活動位置を確認して、積極的に接触を図ることが大切である。

救助指定中隊長が「大隊長の現場到着」の無線情報を確実にキャッチし、的確に状況報告を行うには、平素からの大隊長の任務代行への熱心な取組が必要である。

救助指定中隊長には、あらかじめ報告パターン等の反復訓練を行わせるなどして、報告の「コツ」を習得させておくことが大切である。

(2) 救助指定中隊長からの聞き取り

　大隊長は、救助指定中隊長と接触した場合には、単に中隊長からの報告を受けるだけでなく、消防活動の重点及び指揮判断に必要な情報の聞き取りを積極的に行うが、そのポイントは逃げ遅れ者の有無と火点建物の延焼状況及び周囲建物への延焼拡大危険の聞き取りである。

　平素から救助指定中隊長への聞き取り項目、内容等を整理しておき、簡潔に聴取できるようにしておくことが大切である。

Point 2-12　救助指定中隊長からの聴取項目、聴取内容の例

救助指定中隊長からの聴取項目		聴　取　内　容
1　火災状況	① 延焼状況	火点建物、延焼面積、延焼範囲、延焼拡大危険等
	② 逃げ遅れ者の状況	逃げ遅れ者の有無、人数、場所
	③ 活動(作業)危険状況	活動（作業）危険の有無及び危険内容
2　活動状況	① 検索・救助活動状況	人命検索、救助活動及び避難誘導等の状況
	② 筒先配備状況	・筒先及び警戒筒先の配備状況 ・筒先の未配備建物、不足箇所の状況
	③ 救助指定中隊の活動状況	
3　措置内容	① 応援要請、② 警戒区域等の設定状況、③ 後着隊への下命状況	

3　関係者等からの情報収集

(1) 関係者等からの聞き込み

　関係者等からの聞き込みは、一般に、共同住宅等の火災では火点室の居住者、管理人（マスターキー）等の確保に重点をおき、風俗店等の火災では支配人、責任者、従業員、客等の確保が不可欠である。関係者を確保していない場合には、早期に関係者を確保して聞き込みを行わせる。

　関係者は、消防活動に必要な人命危険、延焼拡大危険及び活動（作業）危険等の重要情報を持っている反面、時間経過とともに現場から離散してしまう。また、救助指定中隊等が関係者を早期に確保していても、管理が不十分であったために関係者が現場を離れてしまい、必要な情報聴取ができなくなったり、関係者の再確保に長時間を要した事例がある。

　現場到着時には、救助指定中隊長等から関係者の確保とその管理状況を早期に確認し、機関員等が関係者を確保している場合には、情報担当（員）に対して関係者を指

揮隊車に収容させるなど関係者管理の徹底を図らせる。

また、救急隊が搬送した負傷者等が重要な情報を持っている場合も多くあり、救急隊が負傷者等を医療機関に搬送した場合には、負傷者等から聴取した情報について速やかに警防本部及び署隊本部等を経由して指揮本部にフィードバックさせる。

(2) **建物関係者等の活用**

ア　防災センター要員等の活用

防災センターのある建物火災の場合には、原則として防災センターに直行し、防災センター要員等から火災発生場所及び初期消火による鎮火の有無等を確認する。延焼中の場合には、延焼状況、逃げ遅れ者の有無、避難状況等を確認するとともに、自動火災報知設備、スプリンクラー設備及び防火戸等の作動状況から延焼状況、範囲を確認して火災実態を早期に把握するなど、防災センター要員等の積極的な活用を図る。

イ　施設関係者の現場派遣等の要請

倉庫、産業廃棄物処理施設、毒・劇物施設等活動（作業）危険のある建物、施設等の火災では、収容物及び施設等の危険性が判断できずに、消防活動に長時間を要した事例が多くある。これらの建物、施設等の火災では、施設関係者及び専門知識を有する者等の早期確保が基本である。

現場に施設関係者がいない場合には、署隊本部又は警防本部から事業所に対して、施設関係者を現場派遣するように要請する。

4　効率的な情報活動の指揮

(1) **収集情報の指揮本部への報告の徹底**

指揮隊として、効率的に情報収集を行い、収集情報を効果的に消防活動に反映させるためには、火災等の状況が適時に指揮本部に報告されていることが必須である。

情報担当（員）による情報活動状況の指揮本部への定期報告は、単に「情報を収集した。」「情報を収集できなかった。」だけではない。指揮本部にとっては情報担当（員）への必要情報収集の下命をする機会であり、情報担当（員）にとっては報告を通して指揮本部で今必要としている情報、不要となった情報を把握する機会である。

情報担当（員）に対する指揮本部への定期報告の徹底は、指揮隊の情報活動の効率化、活性化につながる大変重要なものであり、習慣付けさせておく必要がある。

図2-3 情報活動の指揮本部への定期報告の必要性

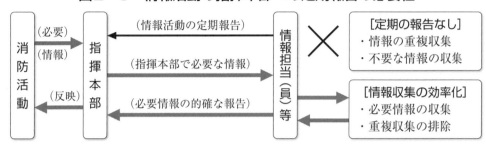

(2) 情報収集の効率化

　ア　指揮本部で必要とする情報の明示

　　　指揮本部で必要な情報は、火災の推移及び消防活動の効果等とともに、これまで必要だった情報が不要となり、また新たな情報が必要となるなど次々と変化する。

　　　大隊長には、指揮本部で把握すべき情報、必要な情報（不足情報）を情報担当（員）や出場隊等に明示し、効率よく収集させて、積極的に消防活動及び指揮対応に反映させることが求められる。

　イ　情報収集の傾向等を踏まえた情報収集の徹底

　　　情報収集の傾向として、重要情報に接しても「既に指揮本部で把握しているだろう。」「大した情報ではないだろう。」等の理由で、収集情報が個人的に処理されることもある。このため、平素から隊員一人ひとりが情報収集の触覚となり、重要情報及び緊急情報等に接した場合には、個人的に処理することなく、迅速に中小隊長等に報告するよう徹底を図っておく必要がある。

　　　特に、人命に関する情報については、どんなに不確定な情報であっても必ず追跡確認をして、信ぴょう性を高め又は消去していく習慣付けが重要であり、指揮本部で不確定情報に接した場合には、見落とすことなく確実に追跡確認等を下命できるように、情報への対応能力の向上を図っておくものとする。

(3) 指揮本部による逃げ遅れ者情報等への対応

　ア　逃げ遅れ者情報の特性の理解

　　　逃げ遅れ者情報の特性として、逃げ遅れ者情報を誰から収集したのかを示す「情報源」は、情報の真偽（確実性）の判断の目安となる。

例えば、雑居ビル等の関係者が「全員逃げた」と言っていても、自分の店の店員等が全員逃げたことであったりして、他店舗等のことをあまり知らないなど、情報の信ぴょう性が薄い特徴がある。

また、「逃げ遅れ者ない模様」等の憶測情報は「逃げ遅れ者なし」等に変質しやすい特徴がある。

イ 収集情報等の適正な管理

収集情報を効果的に消防活動に反映させるためには、情報収集の特性等を強く意識して、収集情報を管理する必要がある。情報源のない情報を受けた場合には、情報提供者（情報源）の追跡確認を指示するとともに、情報源を付加しての報告を徹底させる。共同住宅等からの「全員逃げた」「逃げ遅れ者なし」の情報は過信することなく、収集した情報をもう一度洗い直し、再収集を下命するなどして、情報の信頼性を高めるための配慮が必要となる。

また、「逃げ遅れ者ない模様」等の憶測情報は、発信者に推測理由を確認するなどして、情報を扱う者全員に情報の変質防止を徹底させ、情報源のない報告の排除、情報への過信の排除、変質防止等の徹底を図らせる。

図2-4 情報の管理

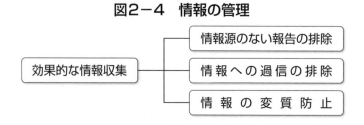

第2 状況判断

大隊長の現場到着時の措置として、火災実態に対応した活動方針の下命、第二出場等の応援要請の判断、部隊指揮及び指揮本部運営等の指揮対応がある。これらの任務を適切に遂行するためには、現場到着直後の火点一巡等により具体的な人命危険、延焼拡大危険、活動（作業）危険を判断し、素早く消防活動の重点を組み立て、活動方針の下命、応援要請の判断、部隊指揮及び指揮本部運営等につなげていくことが大切である。

図2-5 状況判断

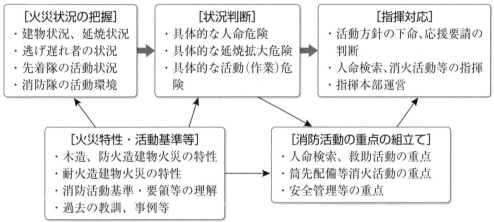

1 状況判断の基本

(1) 指揮本部長としての状況判断

　　大隊長の状況判断は、指揮本部長の立場で火災建物の状況、延焼状況、逃げ遅れ者の状況、先着隊の活動状況及び活動環境等を把握し、人命危険、延焼拡大危険及び活動（作業）危険等の状況を判断して、状況報告、活動方針の下命、応援要請の判断、指揮本部の設置・運営及び部隊指揮等の指揮対応につなげていくもので、統括指揮の前提となる大変重要なものである。

　　状況判断を的確に行うためには、木造、防火造建物、耐火造建物火災の特性及び消防活動要領（基準）等の十分な理解と、過去の火災事例、教訓等の研究、更には実火災を経験する中で、判断力を磨いていく積極的な取組が求められる。

(2) 状況判断のポイント

　　把握した火災実態の情報を基に、人命危険、延焼拡大危険及び活動（作業）危険等の状況判断を行い、迅速な指揮対応につなげるためには、危険実態をあらかじめ幾つかの状況パターンに分け、パターンに沿った指揮対応モデルを用意しておくことにより、危険実態に即した状況判断と迅速な指揮対応が可能となる。

Point 2-13　危険実態の状況パターン例

危険性		危険実態の状況パターン
延焼拡大危険	木造、防火造建物火災	① 一挙鎮圧火災（ぼや火災） ② 火点建物以外に延焼拡大危険がない。 ③ 周囲建物に延焼拡大危険がある。 ④ 周囲の複数棟に延焼拡大している。 ⑤ 隣接耐火造建物に延焼拡大危険がある。

耐火造建物火災	① 火点が不明な火災 ② ダクト火災 ③ 開口部から火煙が噴出している火災	
人命危険	① 逃げ遅れ者が助けを求めている。 ② 逃げ遅れ者情報がある。 ③ 逃げ遅れ者が不明、情報がない。	
活動（作業）危険	① 進入危険がある。 ② 進入危険が不明である。	

2 延焼拡大危険の判断

(1) 木造、防火造建物火災の延焼拡大危険

ア　火点建物の延焼拡大危険の判断

　木造建物火災は、早期に建物全体に炎が拡大し、各開口部や軒裏等から火煙が激しく噴出する特性がある。また、防火造建物火災は木造建物火災に比べて火災初期の燃焼は緩慢であるが、開口部、天井、屋根等が燃え抜けると一気に拡大し、最盛期の様相を呈するといわれている。

　延焼拡大危険の判断にあたっては、木造、防火造建物火災の特性を踏まえて行う。

Point 2-14　木造建物火災の特性

特　性	内　容
1　延焼拡大が早い	① 縦方向に（出火階が2階より1階の方が）延焼拡大が早い。 ② 上階への延焼は、階段、押入れからが早い。 ③ 間仕切り区画が大きいほど延焼拡大が早い。 ④ 窓等の開口部が広いほど延焼拡大が早い。 ⑤ 風速が強いと風下側に延焼拡大が早い。 ⑥ トタン屋根は、瓦屋根より横方向への延焼拡大が早い。
2　火勢が強い	① 建物の規模が大きいほど火勢が強い。 ② 窓、出入口等の開口部が広いほど火勢が強い。 ③ 建物内の収容物が多いほど強い。 ④ 火災の最盛期は、耐火造建物火災と比較して強い。
3　飛火の危険	① 最盛期以降は、火の粉が飛散する。 ② 屋根の燃え抜け等により火の粉の飛散が増大する。

Point 2-15　防火造建物火災の特性

特　　　性	内　　　容
1　木造建物と比較して燃焼が緩慢	①　火災の初期は、外部噴煙は少ない。 ②　開口部閉鎖時は、建物内はくん焼状態となる。 ③　壁間火災の初期は、軒裏や床下等から噴煙する。
2　火炎が一気に拡大	①　火炎が壁体内を伝送し、予期せずに建物全体に広がる。 ②　開口部の破壊等によって、フラッシュオーバー等が発生する。 ③　開口部、天井、屋根等が燃え抜けると火勢が強まり、最盛期の様相を呈する。
3　飛火の危険	木造建物火災と同様に、火の粉が飛散する。

イ　火点建物から周囲建物への延焼拡大危険

　　火点建物から周囲建物への延焼拡大危険は、火点建物の街区内の位置（ブロック内、面、角のいずれか）、出火階、火炎の噴出状況と火点建物に隣接する全ての建物について火点建物からの保有距離、噴出火炎による影響（開口部の有無等）等を確認して判断する。

　　延焼拡大危険がある場合には、直ちに隣接建物内に隊員を進入させて延焼の有無等を確認させる。特に、火点建物からの噴出火炎の先に隣接建物の開口部がある場合には、延焼が早いので十分に注意させる。

Point 2-16　隣接建物への延焼拡大危険　(建築基準法第2条第6号)

> **延焼のおそれのある部分**　隣地境界線、道路中心線又は同一敷地内の二以上の建築物（延べ面積の合計が500平方メートル以内の建築物は、一の建築物とみなす。）相互の外壁間の中心線（ロにおいて「隣地境界線等」という。）から、1階にあつては3メートル以下、2階以上にあつては5メートル以下の距離にある建築物の部分をいう。ただし、次のイ又はロのいずれかに該当する部分を除く。
> イ　防火上有効な公園、広場、川その他の空地又は水面、耐火構造の壁その他これらに類するものに面する部分
> ロ　建築物の外壁面と隣地境界線等との角度に応じて、当該建築物の周囲において発生する通常の火災時における火熱により燃焼するおそれのないものとして国土交通大臣が定める部分

ウ 危険区域、異常気象時等の延焼拡大危険

火点建物が危険区域、消防力の一方偏集による消防活動困難区域及び木造大規模建物等に該当している場合並びに異常気象時（火災警報発令、強風及び降雪等）には、延焼拡大危険が大であると判断する。

(2) 耐火造建物火災の延焼拡大危険

ア 延焼拡大危険の判断の基本

耐火造建物火災の延焼拡大危険は、火災建物の用途、規模、火点階（室）の位置（超高層、高層階、低層階、地階等）及び出火場所（用途、ダクト、電気室、機械室等）等により判断する。

イ 外観からの延焼状況の判断

一般的に、耐火造建物火災で窓等の開口部から火炎が激しく噴出している場合には、コアンダ効果（火災窓からの噴出火炎、熱気流が壁面に吸い寄せられて、上階への延焼の危険を高める現象）等により上階への延焼拡大危険があると判断する。

また、火点建物の開口部からの火炎の噴出先に隣接建物の開口部等がある場合には、隣接建物への延焼拡大危険ありと判断する。

火点室の屋外から上階に延焼した例としては、ビル火災やマンション火災で窓等の開口部及びベランダを経由して延焼した事例がある。

Point 2-17 延焼状況等の判断ポイント

	状　　　況	判　　　断
1	複数階からの噴煙等を確認した場合	① ダクト火災と判断する。 ② 煙噴出の最下階が火点であると判断する。
2	煙が窓の全面から噴出している場合	他の開口部が開放状態にあると判断する。
3	煙が窓の上部から噴出し、下部から空気を吸い込んでいる場合	開口部は煙が出ている窓のみと判断する。
4	ビルの屋上からの噴煙	ダクト火災又はアスファルト溶解等と判断する。

ウ 建物内の延焼拡大危険の判断

建物内の延焼拡大危険の判断にあたっては、火点室直上階の部屋及び火点室に接する部屋等に煙、焦げ臭いにおい等がある場合には、防火区画等の埋め戻し不完全部分及びダクト等を介して、上階及び隣接室に延焼拡大危険があると判断する。

また、自動火災報知設備の受信機に複数の警戒区画の火災表示がある場合には、火災と断定して早期に延焼箇所を把握する。

なお、複数の階又は火点室から離れた室等で煙を確認した場合にはダクト火災と判断する。薄白煙、臭気等はあるものの、火点が確認できない場合には、火災と判断して火点（原因）が確認されるまで火点検索を続行させる。

3 人命危険の判断

(1) 人命危険の判断の基本

火災時の人命危険の判断は、逃げ遅れ者が助けを求めている場合、逃げ遅れ者情報がある場合及び逃げ遅れ者情報がない場合の3つのパターンに分けられる。人命危険は、まず関係者等への聞き込みによって判断するが、関係者等への聞き込みが困難な場合には、火点建物の用途、延焼状況等から経験則に基づいて判断する。

例えば、住宅及び共同住宅の火災は、死者が多く発生し、かつ、死者の多くが就寝時間帯等に発生していることから、一般に住宅、共同住宅の就寝時間帯での火災は人命危険の割合が高いと判断する。

また、過去において、多数の死傷者を発生させた風俗店、旅館・ホテル、病院、社会福祉施設等の用途は、延焼火災時には多数の死傷者が発生する危険性が高いと判断する。

(2) 逃げ遅れ者情報等からの人命危険の判断

ア 逃げ遅れ者情報がない場合

火災現場には、現場到着時に逃げ遅れ者情報がある場合と逃げ遅れ者情報がない（又は不明な）場合がある。逃げ遅れ者情報がない場合には、逃げ遅れ者がいるとの前提に立って、火点室を重点に人命検索活動を指揮する。

イ 逃げ遅れ者情報がある場合

逃げ遅れ者の情報については、「○階○○室に逃げ遅れ者がいる模様」「○階○○室に逃げ遅れ者がいるらしい」と逃げ遅れ場所を特定する情報がある場合と、「逃げ遅れ者がいる模様」「逃げ遅れ者がいるらしい」と逃げ遅れ場所が特定されていない場合がある。

逃げ遅れ場所を特定する情報がある場合にはその場所を、また、逃げ遅れ場所が特定できない場合には火点階（室）を人命検索、救助活動の重点場所とし、あわせて逃げ遅れ者情報の追跡確認の徹底を指示する。

ウ 逃げ遅れ者なしの判断

　火災現場での「逃げ遅れ者なし」の判断は、同居の家族から「全員避難した」との確認が取れた場合、不在者全員の本人確認（いわゆる「面通し」）が取れた場合、人命検索活動の結果、逃げ遅れ者なしを確認した場合の3つのパターンに分けることができる。

　同居の家族から「全員避難した」との確認が取れた場合には「逃げ遅れ者なし」と判断できるが、共同住宅等の火災で、住民等から「逃げ遅れ者は、いない模様」「全員避難した」との情報がある中で、結果的に焼死者が発見された例もある。「全員避難した」と言っていても、自分の家族や自分の事業所だけということもあるので、「逃げ遅れ者ない模様」等の情報を得ても過信することなく、本人、家族から避難確認が取れた場合及び人命検索活動の結果、逃げ遅れ者なしが確認されるまでは、「逃げ遅れ者あり」との判断のもとに、聞き込みや追跡確認及び人命検索活動を継続させる。

4 活動（作業）危険の判断

(1) 火災初期の活動（作業）危険の判断

　活動（作業）危険には、活動環境に起因する活動（作業）危険と、消防活動上注意を要する場所での活動、行動に起因する活動（作業）危険がある。現場到着直後の活動（作業）危険は、一般的に火点建物の用途（倉庫、産業廃棄物処理施設等）等から消防隊の進入禁止等の措置が必要な、活動環境に起因する活動（作業）危険である。

(2) 火災建物の活動（作業）危険の判断

ア　建物用途等からの活動（作業）危険の判断

　火点建物の用途が倉庫、産業廃棄物処理施設、危険物、毒・劇物、禁水性物質等の貯蔵取扱施設、工場、林場、劇場、地下駅舎の場合、出火階が地下室、変電室等の場合及び工事中の建物等の場合には、現場到着後、直ちに建物内への進入危険を判断する。

　特に、警防計画等樹立対象に該当している場合には、計画内容から具体的な活動（作業）危険を判断する。

Point 2-18　建物内への進入時の活動（作業）危険の例

構造・用途		活　動　（作　業）　危　険
建物用途	倉　庫	① 内部収容物の倒壊危険、棚等の焼損による荷崩れの危険がある。 ② 収容物（危険物質等）による急激な延焼拡大、爆発等の危険がある。 ③ 冷凍・定温倉庫等は断熱材等による燃焼変化、爆燃の危険が

		ある。 ④　手すりのない荷物搬送用リフトのピットに転落する危険がある。
	工　場	①　火勢が一挙に拡大する危険がある。 ②　爆発、毒性ガスによる危険がある。
	林　場	多量の木材が崩れ落ち、倒壊する危険がある。
	劇場・映画館	①　照明装置、幕類、装飾品、大道具等の落下危険がある。 ②　舞台部（奈落）、通路等が複雑で退路を絶たれる危険がある。
	ディスコ等	シャンデリア、特殊ライト等重量のある照明装置の落下危険がある。
	大規模物品販売店舗	高い密度に積み上げられた収容物の崩れ、倒壊の危険がある。

　イ　火点室内進入時の活動（作業）危険の判断

　　火点室内で人命検索活動等を行わせる場合には、進入時の火炎の噴出（吹き返し）による受傷危険及び火点室内で活動中に火炎、黒煙等の急激な変化及び拡大により退路を断たれる危険性等を常に頭に入れて、進入隊員の活動監視と緊急時の退路確保の徹底を図らせる。

Point 2-19　火炎の噴出現象

火　炎　噴　出　現　象		開口部の開閉状況
[フラッシュオーバー] 　火災室内の可燃物が、炎あるいは天井下に蓄積した高温気体からの放射伝熱により加熱され、ある時期に一気に燃えだし、室内が火に包まれる現象		最初から開放状態
[爆燃現象] 　爆燃現象は、爆轟でない爆発的な燃焼で、にぶい音とともに火炎を噴き出す。	[間欠的爆燃] 　開放された開口部から、繰り返し火炎を噴出する爆燃現象	
	[バックドラフト] 　酸欠により熱分解ガスが過剰に蓄積している閉め切られた区画内に、扉等を開放した際に、酸素が取り入れられて起こる急激な爆燃現象	閉鎖した状態から開放

出典：「フラッシュオーバーに関する研究報告書（東京消防庁消防科学研究所）」を一部改変

(3)　フラッシュオーバーの発生危険の判断

　フラッシュオーバーの危険性は、火点室進入時における火炎の急激な噴出と火点室内で活動中における火炎の急激な拡大にある。特に、フラッシュオーバーの発生時期は、一般に出火後3分から10分といわれ、消防隊が屋内進入活動を開始する時期と重

なる場合が多いことから、火点室等への接近、進入時には、開口部の状況、開口部から噴出する煙の状態及び温度等からフラッシュオーバー発生の兆候の有無を確認して、フラッシュオーバーの発生に備えさせる。

　フラッシュオーバーは、注水によって室内の温度を下げることにより発生を防止することができるので、進入時には必ず筒先を携行させるとともに、隊長及び隊員が現場到着時の開口部の状況、進入開始時の状況及び火点室内での活動時の状況等からフラッシュオーバー発生の兆候を判断し、必要な指示、措置等を的確に行えるように、あらかじめフラッシュオーバーへの十分な理解と火点室内への進入要領及び火点室内での活動要領等の徹底を図らせておく。

Point 2-20　目視・体感等によるフラッシュオーバーの発生予測

項　目		留　意　事　項　等
現場到着時	開口部開放前	① 建物から褐色や黄色味を帯びた煙が噴き出している。 ② 開口部の隙間から煙や炎が間欠的に噴き出している。 ③ 窓の噴出する部分にタール等の汚れが見られる。 ④ 窓がガタガタ音をたてたり、触れられない程に熱くなっている。
	開口部開放後	① 煙が室内に逆流するような強い吸い込みがあり、室内の煙はうず巻くような状態になっている。 ② 噴出する煙がかなりの熱気を帯びている。 ③ 室内に青い炎が現れた。
室内進入開始時		① 室内に進入した際に、かがまなければならない程、煙の温度が高い。 ② 間欠的に窓から噴出する煙の息つぎが止み、静かに流れ出るような状況になった。 ③ 室内にゴースティング火炎が発生した。
室内作業時		① 床に這わなければならない程、室内の温度が高くなった。 ② 天井下の煙中に間欠的に炎が現れた。 ③ 室内にゴースティング火炎が現れた。 ④ 隣室との境付近の床が燃えだした。

出典：「フラッシュオーバーに関する研究報告書（東京消防庁消防科学研究所）」を一部改変
※ゴースティング火炎：炎が床や壁面から離れて浮遊する現象

(4) 危険物、毒・劇物等による活動（作業）危険の判断

　危険物、毒・劇物等による活動（作業）危険の判断は、火災建物の用途、危険物、毒・劇物等の貯蔵、保管状況及び標識等により判断する。特に「刺激臭」「着色ガス」等を確認した場合には、毒・劇物等の火災と判断して早期に隊員の安全確保を図らせるとともに、関係者等から具体的な活動（作業）危険等の把握に努め、必要により化学機動中隊等の応援要請を行う。

第3　活動方針及び指揮対応

　大隊長は、現場到着後の火点一巡時に火災実態及び先着隊の活動状況等を把握して、速やかに活動方針を下命し、火災初期の指揮対応を行う。

1　火災初期の指揮対応

(1) 活動方針の下命

　　大隊長には、火災実態の把握後、直ちに消防活動の重点を組み立てて、人命危険、延焼拡大危険及び活動（作業）危険に対応した活動方針を速やかに決定し、下命することが求められる。

　　活動方針の速やかな下命には、第1章、第1節、第2、2「(2)　活動方針の迅速な決定」で記載したように、人命危険、延焼拡大危険及び活動（作業）危険に対応した活動方針のパターンをベースに、具体的な活動方針を迅速に決定できるように能力の向上を図っておくことが大切である。

(2) 活動方針と指揮対応

　　活動方針を下命した後には、活動方針及び消防活動の重点等に沿って、応援要請、部隊指揮及び指揮本部の運営等が円滑に行われるように、次々と必要な対応、措置等を下命することが求められる。

　　この指揮対応を円滑に行うためには、活動方針のパターン化と同様に、人命危険、延焼拡大危険及び活動（作業）危険に対応した指揮対応モデルをあらかじめ整理しておき、この指揮対応モデルをベースに火災実態に即した具体的な対応、措置等を次々と下命できるようにしておく必要がある。

図2-6　指揮対応モデルの検討

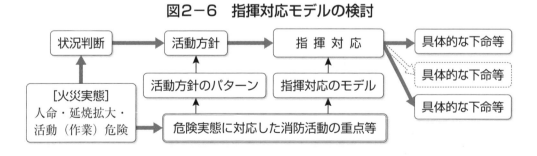

2　人命危険の態様と活動方針及び指揮対応

(1) 人命危険の態様

人命危険の態様は、手振りの要救助者がいる場合、逃げ遅れ者情報がある場合及び逃げ遅れ者情報がない場合に分けることができる。

大隊長は、この人命危険の態様に応じた活動方針のパターン及び指揮対応のモデルをあらかじめ用意しておき、実火災では、人命危険の態様に応じた活動方針及び指揮対応が直感的に頭に浮かんでくるように訓練しておく必要がある。

(2) 人命危険の態様と活動方針

ア　手振りの要救助者がいる場合の活動方針

窓、ベランダ等から助けを求めている要救助者がいる場合の活動方針は、逃げ遅れ者のいる階、場所を具体的に入れて「〇階、△△（場所）の要救助者の救助を最優先とする。」等と下命する。

イ　逃げ遅れ者情報がある場合の活動方針

逃げ遅れ者情報がある場合の活動方針は、「〇階〇室の人命検索、救助活動を最優先とする。」又は「〇階〇室に逃げ遅れ者あり、情報源、家族（近隣住民）、引き続き大隊長活動方針、〇階〇室の人命検索、救助活動を最優先とする。」等と情報源を入れて下命する。

なお、逃げ遅れ者情報はあるが具体的な逃げ遅れ場所の情報がない場合には、「逃げ遅れ者ある模様、情報源、近隣住民、引き続き大隊長活動方針、人命検索、救助活動を最優先とする。」等と逃げ遅れ者の状況と情報源を入れて活動方針を下命する。

ウ　逃げ遅れ者情報がない場合の活動方針

現場到着時に逃げ遅れ者情報がない場合は、火点室の人命検索活動が消防活動の重点となるが、活動方針は延焼拡大危険への対応も含め、「人命検索活動及び周囲への延焼阻止を重点とする。」等と下命する。

(3) 人命危険の態様と指揮対応

ア　手振りの要救助者がいる場合の指揮対応

火災建物の窓及びベランダ等から救助を求めている要救助者がいる場合には、**指揮対応モデル例２－１をベースに、具体的な対応、措置等を次々と下命して、要救助者を迅速に救出する指揮対応が求められる。**

例えば、火災総合訓練等での手振りの要救助者の設定は、要救助者の迅速な救助に必要な大隊長の指揮能力を評価するものである。大隊長は、手振りの要救助者の救出に必要な指揮対応を組み立てて、その各項目について具体的な対応、措置等を

次々と下命し、早期に救助体制を確立して要救助者を迅速に救出する。この指揮対応モデルは、大隊長の救助に係る指揮対応の組立てを容易にするものであり、指揮対応の項目等を暗唱しておくことが大切である。

指揮対応モデル例 2−1 窓等から救助を求めている場合

① 屋内及び屋外の両面からの救助活動の下命
② 救助指定中隊、特別救助隊、はしご隊等の部隊を救助活動に集中
③ 特別救助隊、はしご隊、救急隊等必要部隊の早期応援要請
④ 救助指揮体制等の早期確立(大隊長自ら直接指揮又は出張所長等を局面指揮者に指定)
⑤ 組織的な救助活動に配意
 a 救助活動隊の相互の連携
 b 必要により要救助者への援護注水の実施
 c 救出時の要救助者等への危害防止(要救助者の落下、転落等)
 d 救出時の救護、搬送体制の確保
 e 救助活動における隊員等の安全管理

イ 逃げ遅れ者情報がある場合の指揮対応

火点建物に逃げ遅れ者情報がある場合には、救助に向けた迅速な指揮対応が求められる。逃げ遅れ者情報には、逃げ遅れ場所が特定されている場合と特定されていない場合がある。

逃げ遅れ者情報がある場合には、**指揮対応モデル例2−2**をベースに、具体的な対応、措置等を次々と下命して、迅速な逃げ遅れ者救出の指揮対応を行う。

指揮対応モデル例 2−2 逃げ遅れ者情報がある場合

① 逃げ遅れ場所(逃げ遅れ場所が不明なときは火点室)の人命検索活動状況の確認
② 屋内及び屋外からの人命検索、救助活動の下命
③ 人命検索、救助活動に部隊を集中
④ 特別救助隊等必要部隊の早期応援要請
⑤ 人命検索活動体制の早期確立(大隊長自ら指揮、又は局面指揮者の指定)
⑥ 組織的な活動に配意
 a 検索活動隊の連携
 b 検索活動における隊員等の安全管理
 c 救出時の救護、搬送体制の確保

ウ 逃げ遅れ者情報がない場合の指揮対応

逃げ遅れ者情報がない場合には、原則として火点室の人命検索活動を重点とする。

指揮対応は、**指揮対応モデル例２−３**をベースに、具体的な対応、措置等を次々と下命して、人命検索活動を指揮する。

指揮対応モデル例 ２−３　逃げ遅れ者情報がない場合

① 火点室の人命検索活動状況の確認
　・救助指定中隊等の人命検索活動状況の把握と活動の補正、補完
② 必要により先着隊に対する救助指定中隊への活動支援の下命
　・耐火造建物等の人命検索活動は、複数の進入ルートを講じた指揮
③ 人命検索活動体制の早期確立
　・特別救助隊等必要部隊の投入

3　木造、防火造建物火災の延焼拡大危険の態様と活動方針及び指揮対応

(1) 延焼拡大危険（木造、防火造）の態様

木造、防火造建物火災の延焼拡大危険の態様は、火点建物から周囲建物への延焼拡大危険と、火点建物に隣接する耐火造建物への延焼拡大危険とに分けることができる。また、周囲建物への延焼拡大危険は、街区内での火点建物の位置（ブロック角、面、内）による延焼拡大危険と、危険区域内及び道路狭隘、軌道敷、傾斜地等消防力の一方偏集による延焼拡大危険等に分けられる。

大隊長には、人命危険の態様と同様に、延焼拡大危険の態様に応じた活動方針と指揮対応が直感的に頭に浮かんでくるように訓練しておく必要がある。

(2) 延焼拡大危険（木造、防火造）の態様と活動方針

ア　街区内火災での活動方針

(ｱ) 周囲建物への延焼拡大危険が大きい場合の活動方針

木造、防火造建物の街区内の火災で、周囲建物への延焼拡大危険が大きい場合の活動方針は、火点建物の街区内の位置及び延焼拡大危険の方位等を明示して下命する。

[周囲建物への延焼拡大危険が大きい場合の活動方針の例]

① 「ブロック（内、面、角）火災にして、周囲建物への延焼阻止を重点とする。」
② 「ブロック（内、面、角）火災にして、○側（東西南北）に延焼拡大危険大、○側（東西南北）建物への延焼阻止を重点とする。」

(ｲ) 隣接の耐火造建物への延焼拡大危険がある場合の活動方針

火点建物に隣接する耐火造建物への延焼拡大危険が大きい場合の活動方針は、延焼拡大危険のある耐火造建物の方位を明示して下命する。

[隣接の耐火造建物への延焼拡大危険がある場合の活動方針の例]

「○側の耐火造建物への延焼拡大危険大、耐火造建物への延焼阻止を重点とする。」

イ　危険区域内火災での活動方針

　　木造、防火造建物密集による危険区域内の火災で、周囲への延焼拡大危険が大きい場合の活動方針は、危険区域内の火災であることを明示して下命する。

[危険区域内火災での活動方針の例]

「木造密集、危険区域にして、多口放水による早期筒先包囲を重点とする。」

　　一般的には、放水口数を多く取るように配意するが、火勢が熾烈な場合には、放水口数が少なくなっても大口径ノズル、放水銃等の活用に配意する。

ウ　消防力の一方偏集区域での活動方針

　　道路狭隘、軌道敷、傾斜地等により消防車の部署が一方向に偏るなどの理由で、延焼拡大危険が予想される場合の活動方針は、その旨を明示して下命する。

[消防力の一方偏集区域での活動方針の例]

「道路狭隘（又は軌道敷、傾斜地）による消防力の一方偏集区域、ホース延長により火点を迂回しての早期筒先包囲を重点とする。」

(3)　延焼拡大危険（木造、防火造）の態様と指揮対応

　ア　街区火災での指揮対応

　　(ア)　周囲建物に延焼拡大危険がある場合の指揮対応

　　　　火点建物から周囲建物に延焼拡大危険がある場合には、火点建物での救助指定中隊及び先着隊の活動状況を確認するとともに、延焼拡大危険のある建物に速やかに筒先及び警戒筒先を配備させる。指揮対応は、**指揮対応モデル例2－4**をベースに、具体的な対応、措置等を次々と下命する。

指揮対応モデル例　2－4　周囲建物に延焼拡大危険がある場合

① 救助指定中隊及び先着隊の筒先配備状況の把握と活動の補正、補完
② 延焼拡大危険が大きい建物に、迅速に筒先及び警戒筒先を配備（筒先配備の原則：背面、側面、側面）

(イ) 複数棟に延焼拡大している場合の指揮対応

現場到着時に、複数建物に延焼拡大している火災の場合は、救助指定中隊及び先着隊の筒先配備状況を確認するとともに、筒先の未配備建物、不足箇所等を迅速に把握して後着隊に筒先配備を下命し、早期の筒先包囲を図る。筒先包囲にあたっては、筒先口数が不足することを考慮し、消防団員の積極的活用等により多口放水を各隊に徹底させる。指揮対応は、第二出場の応援要請を念頭に置き、**指揮対応モデル例2−5**をベースに、具体的な対応、措置等を次々と下命する。

指揮対応モデル例 2−5 複数棟に延焼拡大している場合

① 救助指定中隊及び先着隊への筒先の配備下命
　a 救助指定中隊及び先着隊の活動の補正、補完
　b 必要により第二出場及び必要部隊の応援要請
② 早期の筒先包囲体制の確立
　a 筒先の未配備建物等への後着隊の筒先の配備下命（各隊、多口放水を配慮）
　b 第二出場等応援隊への筒先配備の下命
　c 筒先配備に消防団の積極的な活用を配意

(ウ) 隣接する耐火造建物への延焼阻止の指揮対応

火点建物に隣接する耐火造建物に延焼拡大危険がある場合には、早期に隣接耐火造建物への延焼拡大危険を確認して、筒先及び警戒筒先を配備させるなど延焼防止に必要な措置を講じ、延焼拡大危険を排除する。

隣接する耐火造建物への延焼を阻止するには、**指揮対応モデル例2−6**をベースに、具体的な対応、措置等を次々と下命する。

指揮対応モデル例 2−6 隣接する耐火造建物に延焼拡大危険がある場合

① 隣接耐火造建物への延焼拡大危険の確認（建物内の巡回等による確認）
② 延焼拡大危険の排除（予備注水、カーテン等室内の延焼媒体の除去、防火戸の閉鎖等）
③ 活動体制の確立
　a 警戒筒先の配備（延焼拡大危険箇所となる各階、各部屋に配備）
　b 呼吸器、投光器、破壊器具等必要資器材の準備
　c 屋内消火栓等の活用

イ 危険区域内火災の指揮対応

危険区域内の延焼火災の場合には、延焼拡大が早いことから、各隊に多口放水による迅速な筒先包囲を行わせる。指揮対応は、**指揮対応モデル例2−7**をベースに、

具体的な対応、措置等を次々と下命する。
　なお、複数棟に延焼拡大し火勢が強い場合には、大口径ノズル及び放水銃等の活用を配意する。

> **指揮対応モデル例 2-7　危険区域内火災**
> ① 各隊、多口放水（複数の筒先配備）の実施
> ② 早期の筒先包囲（筒先の未配備建物、不足箇所への筒先の配備下命）
> ③ 延焼拡大中の場合は、早めに第二出場の応援要請を配慮

　ウ　消防力の一方偏集区域内火災の指揮対応
　　消防力の一方偏集区域内火災の場合には、筒先が一方向（筒先配備がポンプ車が部署した側）に偏って配備される傾向にあるため、筒先が不足する面に、ホースの迂回延長による筒先配備を行わせて、早期の筒先包囲を図る必要がある。指揮対応は、**指揮対応モデル例2-8**をベースに、具体的な対応、措置等を次々と下命する。

> **指揮対応モデル例 2-8　消防力の一方偏集区域内火災**
> ① 筒先が不足する面へのホース延長により迂回しての筒先配備
> ② 先着隊に対して、後着隊（車両）の進入経路の確保の指示
> ③ 早期の筒先包囲体制の確立
> ④ 延焼拡大中の場合は、早めに第二出場の応援要請を配慮

4　耐火造建物火災の延焼拡大危険の態様と活動方針及び指揮対応

(1)　延焼拡大危険（耐火造）の態様
　　耐火造建物火災の延焼拡大危険は、一般的には、焦げ臭いにおい、薄煙等は確認できるが火点が不明な場合、火点階（室）の窓等から火煙が噴出し上階等への延焼拡大危険がある場合及びダクト火災の場合に分けることができる。指揮対応は、木造、防火造建物火災と同様に、延焼拡大危険の態様に対応した活動方針パターンと指揮対応モデルをあわせて整備しておき、その指揮対応モデルをベースに具体的な対応、措置等を次々と下命する。

(2)　耐火造建物火災の活動方針
　ア　焦げ臭いにおい、薄煙等はあるが火点が不明な場合の活動方針
　　現場到着時に、焦げ臭いにおい、薄煙等はあるが火点が不明な場合には、火点の確認が第一であり、活動方針は、「火点の検索を重点とする。」と下命する。
　イ　上階への延焼拡大危険が大きい場合の活動方針
　　火点階（室）から上階への延焼拡大危険がある場合には、活動方針は、「火点階

　　　　（室）の火勢制圧及び上階への延焼阻止を重点とする。」と下命する。
　　ウ　ダクト火災と判断される場合の活動方針
　　　　ダクト火災の場合には、ダクト火災である旨の周知と、各階、各部屋の火煙等の早期把握及び各階への迅速な筒先配備が必要であり、活動方針は、「本火災はダクト火災、火煙の噴出箇所の早期把握と各階への迅速な筒先配備を重点とする。」と下命する。

(3) **延焼拡大危険（耐火造）の態様と指揮対応**
　　ア　火点検索の指揮対応
　　　　火点が不明な場合には、火点検索が重点となる。**指揮対応モデル例２－９**をベースに、具体的な対応、措置等を次々と下命する。

指揮対応モデル例　２－９　火点検索

①　火点検索場所及び範囲の推定
a　救助指定中隊長、関係者等からの聴取
b　自動火災報知設備の感知器及び防火ダンパー等の作動状況の確認等
②　隊及び場所を指定して火点検索を下命
③　指揮本部による火点検索活動及び到着部隊の統制
④　火点検索は、常に火災及びダクト火災等を念頭に置いて活動を管理
a　連結送水管への送水態勢の確認
b　火点検索班の臨機の消火活動対応の確認（消火器、屋内消火栓、連結送水管等の活用）
c　消火活動隊及びはしご隊等の待機

　　イ　火点検索の結果、火災と判断された場合の指揮対応
　　　　火点検索の結果、火災と判断された場合には、**指揮対応モデル例２－10**をベースに、具体的な対応、措置等を次々と下命する。

指揮対応モデル例　２－10　火災確認時

①　火点の延焼状況の確認
②　消火活動の下命と出場隊への延焼状況の周知
③　迅速な筒先配備（消火活動隊の指定等）と消火効果の確認
④　水損防止措置の下命

　　ウ　耐火造建物火災での上階への延焼阻止の指揮対応
　　　　上階への延焼拡大危険がある場合には、早期に筒先及び警戒筒先を配備する必要があり、**指揮対応モデル例２－11**をベースに、具体的な対応、措置等を次々と下命する。

> **指揮対応モデル例** 2-11　火点室から上階への延焼阻止

① 火点室の延焼状況と上階への延焼拡大危険箇所等の把握
② 上階への筒先の配備は、屋内及び屋外からの二面対応
③ 筒先配備に、連結送水管及びはしご車等の活用
④ 水損防止に配意した注水

エ　ダクト火災と判断された場合の指揮対応

　ダクト火災と判断された場合には、**指揮対応モデル例２－12**をベースに、具体的な対応、措置等を次々と下命する。

> **指揮対応モデル例** 2-12　ダクト火災時

① 延焼拡大危険範囲の把握
　a　自動火災報知設備受信機の表示範囲を確認
　b　ダクト経路及び防火ダンパーの作動状況等の迅速な把握（ダクト系統図等）
　c　隊を指定し、各階の噴煙、延焼箇所、延焼経路を確認
② 消火活動の管理
　a　連結送水管の活用を確認
　b　隊を指定し、各階に筒先配備を下命
　c　筒先配備にはしご隊の活用を下命
③ 指揮本部運営
　a　ダクト火災である旨の警防本部への報告、部隊への周知徹底
　b　隊長等を指揮本部に集合させ、具体的な任務を下命し、早期の活動及び警戒体制を確立
　c　消火活動に必要なはしご隊等必要部隊の早期応援要請

5　現場到着時に活動（作業）危険がある場合の活動方針及び指揮対応

(1)　現場到着時の活動（作業）危険の態様

　消防隊が現場到着と同時に注意しなければならない活動（作業）危険は、一般に、倉庫、産業廃棄物処理施設、毒・劇物、危険物施設等火災時の建物内への進入危険である。

(2)　火災建物への進入統制が必要な場合の活動方針

　倉庫、産業廃棄物処理施設及び毒・劇物、危険物施設等の火災で、火災建物への進入統制が必要な場合には、その旨の周知と指定隊以外の隊の建物内への進入禁止を徹底させる。活動方針は、「本火災は、○○施設の火災にして進入危険大、隊員の安全管理を重点とする。」等と下命する。

(3) 火災建物への進入統制が必要な場合の指揮対応

　火災建物内への進入統制が必要な場合には、指揮対応モデル例2−13をベースに、具体的な対応、措置等を次々と下命する。

指揮対応モデル例　2−13　火災建物内への進入統制が必要な場合

① 建物内への進入隊を指定し、指定隊以外の隊の進入禁止とその旨の周知徹底
② 進入隊の隊長に対し、隊員の掌握、活動報告の徹底及び緊急時の退路確保を指示
③ 建物入口等に安全管理隊の隊員を配置し、進入規制の実効性を確保
④ 指定隊以外の進入禁止を車載拡声器、携帯無線機等で繰り返し周知徹底

第4　応援要請

　応援要請には、第二出場の応援要請のほかに、指揮隊、はしご隊、特別救助隊、屈折放水塔車及び資材輸送小隊等の応援要請のように必要な部隊、資器材を応援要請する場合や飛火警戒隊、充水隊等の応援要請がある。火災実態に対応して迅速に応援要請を行うためには、どのような火災、どのような状況下で、どのような部隊、装備及び資器材等が必要となるかをあらかじめ整理しておく必要がある。

図2−7　応援要請

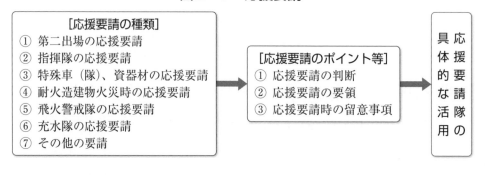

1　第二出場の応援要請

(1) 第二出場応援要請の判断

　ア　応援要請の判断基準を持つ

　　　第二出場の応援要請は、延焼棟数、延焼面積及び現場到着後の経過時間等が要請の判断要素となるが、明確な判断基準等はなく、応援要請を的確に行うためには、大隊長自身が第二出場要請の判断基準（地域特性、部隊数、口数、延焼状況等を考

慮し、以後の優劣を判断）を持って対応していくことが大変重要である。

延焼火災等が減少傾向の中で、第二出場要請の判断能力の向上を図るためには、管轄内、管轄外を問わず、第二出場火災の現場をより多く視察するとともに、事例研究を行うなどして、第二出場要請の判断能力の向上を図っておくことが大切である。

イ　応援要請の時期

第二出場の応援要請を行う時期は、過去の経験則等から、一般に覚知から概ね10分以内といわれていたが、覚知から現場到着までの時間（4～6分）を考慮すると、第二出場の応援要請の多くが現場到着後4～6分以内に行われていると推定できる。この時間は、指揮隊が現場到着後、初めて行う状況報告の時間（到着から概ね5分以内）とほぼ同じ頃となり、状況報告に続いて第二出場の応援要請を行うタイミングと重なっている。

Point 2-21　第二出場応援要請の判断基準の例

判断項目	第二出場要請の判断要素
①　要請時期	覚知から概ね10分以内（現場到着から概ね4～6分以内）
②　延焼棟数	2～3棟延焼中
③　延焼面積	100～150㎡

(2)　第二出場応援要請の要領

第二出場の応援要請は、第二出場隊が火災の規模と任務等を推察しやすいように要請することがポイントである。木造、防火造建物火災の場合には、火点建物の街区内の位置（ブロック内、面、角）、用途、延焼状況（何棟、何㎡延焼中、延焼拡大危険の方向等）を状況報告又は活動報告として前置きし、要請するように心掛ける。

状況報告と応援要請をセットにした第二出場の応援要請の例は次のとおり。

[第二出場応援要請の例]

「状況報告、災害○○はブロック内火災にして、住宅3棟150㎡延焼中、東側に延焼拡大危険大、引き続き大隊長応援要請、本火災、第二出場、終わり。」

(3) **第二出場要請時の留意事項**

　ア　第二出場隊への任務付与

　　第二出場隊への迅速な任務付与のポイントは、第二出場隊が現場到着するまでの間に、筒先の未配備建物、不足箇所等をあらかじめ現場指揮板等で確認し、第二出場隊の筒先配備先及び付与する任務等を確認しておくことである。

　　現場に到着した第二出場隊が指揮本部に次々と任務付与を求めてくるので、素早い対応が求められる。

　イ　第二出場隊の現場待機及び部隊縮小

　　第二出場応援要請時には、第二出場隊が現場に到着し始めた頃には既に火勢が制圧され、第二出場隊の火掛り等が不要となる場合も多くある。このような場合には、速やかに到着部隊への現場待機や現場引揚げ等を下命する。

　　第二出場隊の部隊縮小については、現場到着と同時に現場引揚げを下命する場合、現場待機を掛けた後に現場引揚げを下命する場合、第二出場隊で活動していない隊にのみに現場引揚げを下命する場合及び第二出場隊で活動中の隊を所轄の隊と交代させ現場引揚げを下命する場合等のパターンに分けられる。特に、大隊長として初めて第二出場を要請した場合に、部隊縮小が円滑に行えるように、あらかじめ部隊の縮小要領等について確認しておく。

2　指揮隊の応援要請

(1) **応援指揮隊の要請**

　応援指揮隊は、第二出場で出場するが、第一出場時に応援指揮隊を要請する火災は、火災実態から局面指揮、前進指揮所の設置及び安全管理担当隊長を必要とする火災等である。実務面では、逃げ遅れ者が多数ある火災及び特異な火災等が考えられるが、どのような火災の場合に応援指揮隊を要請し活用するのかをあらかじめ指揮隊として検討しておき、応援要請が必要な場合に早期に要請を行えるようにしておくことが大切である。

(2) **情報指揮隊の応援要請**

　情報指揮隊は、情報活動の強化及び報道対応等が予想される場合に要請するが、大隊長は、具体的にどのような火災、どのような事案発生時に情報指揮隊の応援要請を行うかの判断基準等をあらかじめ持っておくことが大切である。一般には、逃げ遅れ者がいる場合、複数棟の延焼拡大火災の場合及び報道機関が既に取材を行っている場合等で、情報指揮隊が必要と判断される場合に要請する。

(3) **安全管理担当隊長（指揮隊）の応援要請**

　大隊長は、安全管理上、安全管理担当隊長の統括が必要な場合には、現場にいる出

張所長、消防司令以上の階級にある者及び情報指揮隊長を安全管理担当隊長に指定して、その任務を行わせる。

活動（作業）危険の大きい倉庫及び産業廃棄物処理施設等の火災等で、夜間等のため安全管理担当隊長の要員が確保できない場合には、応援指揮隊（情報指揮隊を含む。）を安全管理担当隊長として要請する。

3 特殊車（隊）、資器材等の応援要請

(1) 特殊車（隊）の応援要請

ア 特殊車（隊）等の事前把握

特殊車（隊）等の応援要請は、高層階の火災、逃げ遅れ者情報のある火災及び傷病者が多数ある火災等で、第一出場の部隊で不足すると判断されるはしご隊、特別救助隊及び救急隊等を増強するために要請する場合と、火災の種類、態様及び火災の推移等に対応して第一出場の隊に含まれていない照明電源車、資材輸送車、屈折放水塔車、排煙高発泡車、補給車等を要請する場合がある。

特殊車（隊）を火災実態に応じてタイムリーに要請するためには、あらかじめ特殊車（隊）の機能、適応災害並びに応援要請の要領等を把握していることが不可欠である。部隊運用資料等により特殊車（隊）の機能及び適応災害等について理解を深め、特殊車（隊）等の応援要請能力の向上を図っておくことが大切である。

なお、倉庫及び産業廃棄物処理施設等の大規模火災で近くに海岸、河川等がある場合には、大量放水に備え、消防艇等の要請も配慮する。

イ はしご隊の応援要請

はしご隊の応援要請は、高層階の延焼火災、高層階に逃げ遅れ者がある火災、濃煙熱気等により屋内階段からの進入が困難な場合及びダクト火災等で複数階に延焼拡大している場合等、第一出場のはしご隊数では対応が困難と判断される場合に要請する。

はしご隊の応援要請時には、必要によりはしご隊の進入経路、活動位置（部署位置等）を付加して要請し、はしご隊が現場に到着するまでに、はしご車の進入障害となるポンプ車の移動やホースラインの保護等を行わせる。また、はしご隊が現場接近時には、必要により誘導隊員を配置して部署予定位置まで誘導させるなど、はしご隊が現場到着後直ちに活動に入れるように配意する。

ウ 特別救助隊の応援要請

特別救助隊は、第一出場で1隊出場するが、手振りの要救助者がいる場合や複数の逃げ遅れ者情報がある場合等で、更に特別救助隊の増強が必要な場合に要請する。要請にあたっては、逃げ遅れ者情報等を付加して要請するとともに、現場到着時に

は具体的に下命するように配意する。

[特別救助隊の応援要請の例]
① 「○階の逃げ遅れ者の救助にあたれ。」
② 「○階で活動中の○○中隊の人命検索、救助活動の支援にあたれ。」

エ　救急隊の応援要請

　火災現場には救急隊が出場するが、現場にいる負傷者等を医療機関に搬送すると、その火災現場に救急隊がいなくなってしまうので、逃げ遅れ者救出時等には常に対応できるように、救急車を要請する。多数の負傷者等がいる場合の要請台数は、救急車１台で重症以上は１名、中等症は２名、軽症は乗車定員以内（「多数傷病者発生時の救助救急活動基準」の救急車への収容基準）を基準に、必要な数の救急隊を要請する。

オ　照明電源車の応援要請

　夜間の延焼火災では、各隊に投光機の活用の徹底を図らせるが、第二出場を要請した延焼火災等で長時間の活動が予想される場合には、消防活動の効率化及び安全管理等を徹底させる必要があり、速やかに照明電源車を要請する。なお、夕方から夜間にかけての火災の場合には、目が暗さに慣れ、応援要請が遅くなる傾向にあるので、早めに要請するように配意する。

カ　補給車の応援要請

　補給車の応援要請は、長時間の消防活動により、隊員の給食や疲労回復等が必要と判断される場合に、給食品、栄養補給品等の種別及び必要数量を確認して要請する。

　なお、盛夏期等で熱中症対策としての冷水、冷却ベスト等については、あらかじめ署隊としての現場支援等の対策を講じておくことが大切である。

Point２-22　補給車要請の判断ポイント

① 長時間の活動が見込まれる火災
② 給食が必要と判断される場合
③ 高層建物火災、地下街の火災等で隊員の疲労が著しいと判断される場合
④ 厳寒期及び盛夏期等で活動隊員の疲労回復を図ることが必要と判断される場合

キ　資材輸送車の応援要請

　空気呼吸器のボンベ、防水シート等の資器材が必要な場合には、必要な資器材名、必要数量を要請する。要請資器材は、資材輸送車等が搬送してくるので、資材輸送

車の種類、積載資器材名、積載数量等をあらかじめ確認しておく。
　ク　その他の応援要請
　　　指揮本部長は、消防活動を効果的に実施させるため、火災実態に対応した人材、資器材等の有効活用が図られるよう、平素から人材派遣制度、保有資器材の活用について確認し、活用要領等について検討しておく。

(2)　耐火造建物火災時の部隊の応援要請
　耐火造建物火災では、木造、防火造建物火災と異なり、消防活動の困難性、危険性が増すことから、時機を失することなく必要な特殊車両及び特殊資器材を要請するように配意する。
　一般的に、高層建物火災でははしご隊と特別救助隊を要請し、また、地下街等の火災では排煙高発泡車等を、倉庫火災では屈折放水塔車等を要請するなど、火災実態に応じて必要な特殊車両及び資器材等を要請する。
　特殊車両及び資器材等の応援要請を円滑に行うには、耐火造建物火災の消防活動特性等を踏まえ、どのような火災の場合に、どのような状況下で、どのような特殊車両及び資器材等を要請するかをあらかじめ整理しておくことが大切である。
　なお、特殊車両、資器材等は、更新、増強されている場合もあるので、指揮隊車の積載資料等も常に最新なものに更新しておく。

Point 2-23　耐火造建物火災の主な消防活動特性

①　進入口が限定される。
②　立体的に燃焼するため、立体的な消防活動を強いられる。
③　濃煙熱気が充満しやすく、火点等の状況確認が困難となる。
④　煙等により無効注水となりやすく、水損が発生しやすい。
⑤　立体的な消防活動、濃煙熱気等により隊員の体力の消耗が大きい。

Point 2-24　個別の応援要請隊及び資器材の例

応援要請の理由等	応援要請隊及び資器材
①　濃煙熱気の中で長時間活動	資材輸送小隊（空気ボンベ）
②　広範囲な水損が予想される場合	資材輸送小隊（防水シート）
③　隊員の熱中症防止	補給小隊（冷却ベスト等）
④　消防活動が夜間長時間に及ぶ場合	照明電源車
⑤　高発泡による消火を行う場合	特殊化学小隊、資材輸送小隊（危険物）、排煙高発泡車
⑥　強制排気・送風が必要な場合	排煙高発泡車、大型ブロアー搭載車
⑦　倉庫等内部進入が困難な場合	屈折放水塔車、無人走行放水車等

4 飛火警戒隊の応援要請

(1) 飛火警戒隊の応援要請の判断

近年、建物構造等の変化及び延焼拡大火災の減少等により、飛火警戒隊を応援要請する機会は少なくなっている。火災警報発令時、強風時の延焼拡大火災で火の粉が激しく飛散している場合及び木造大規模建物の延焼火災で屋根が抜け落ち、火の粉が激しく飛散するなど、飛火警戒が必要な場合に速やかに飛火警戒隊を要請する。

(2) 要請隊数及び警戒範囲

飛火警戒隊の応援要請は、要請時に要請隊数と飛火警戒範囲（方位と距離）を付して要請する。

飛火警戒隊の飛火警戒の範囲については、風速10m／s以下の場合で、最も飛火危険のある区域は50〜200mの範囲とされており、飛火等の状況から警戒範囲を判断する（飛火警戒隊応援要請の例：「飛火警戒隊1隊要請、警戒範囲は北側150m」）。

(3) 飛火警戒隊への下命等

ア　飛火警戒状況の指揮本部への報告の徹底

飛火警戒隊が現場に到着した場合には、初めて飛火警戒隊の任務に就く隊長もいるので、飛火警戒範囲及び警戒要領等を具体的に指示するとともに、指揮本部への火粉の飛散状況及び警戒実施状況等の定期報告の徹底を図っておくことが大切である。

なお、複数の飛火警戒隊を要請した場合には、飛火警戒隊長を指定して、全般的な指揮を担当させる。

Point 2-25　飛火警戒隊長の任務及び警戒要領

> ① 飛火警戒隊長の任務
>   飛火警戒の全般的な指揮、警戒拠点及び高所見張等の設置
> ② 警戒要領
>   a　警戒拠点と現場指揮本部、高所見張所、巡ら班、巡行警戒班との連絡手段の確保
>   b　指揮本部長への火粉の飛散状況、警戒実施状況の定期的な報告
>   c　飛火火災覚知の措置（指揮本部及び警防本部への報告等）
>   d　警戒体制の縮小及び解除は、指揮本部長の指示による
>   e　引揚げ時の措置（消防団員、町会役員等に対する以降の警戒の指示・要請）

イ　警戒範囲の縮小、解除

飛火警戒は、原則として当該火災が鎮火するまで実施するが、警戒時には車載拡声器等により住民等が飛火への自衛措置をとるように広報を行い、火災及び飛火の

状況等から飛火警戒の必要性が少なくなった場合には、警戒体制の縮小及び解除を下命する。

5 その他の応援要請

(1) 充水隊の要請

防火水槽部署隊から、充水の応援要請が（指揮本部に）あった場合には、防火水槽の所在、水利番号及び応援要請隊を付加して充水の応援要請を（警防本部に）行わせる。

なお、要請にあたっては、継続放水の確保を念頭に要請の時機を失することのないように、あらかじめ中小隊長、機関員等に対して、早めの充水手配と指揮本部への充水要請を行うよう徹底を図っておくことが大切である。

(2) 電気・ガス等関係機関の要請

火災実態等から電気又はガス事業者の要請が必要と判断した場合に要請し、電気又はガス事業者が現場に到着した場合には、その旨を警防本部に報告する。

また、現場に到着した電気又はガス事業者の責任者に対しては、火災の状況を簡潔に説明して、消防からの作業等の要請の有無を明確に伝達するように配意する。

第3章

指揮本部の運営

　指揮本部の運営は、火災実態に対応して部隊を指揮、統制、管理し、消防活動を組織的かつ効果的に行わせて、火災被害の軽減を図ることである。

第1節 指揮本部運営の管理

指揮本部の運営の流れは、次のとおり、大きく3つの管理に分けられる。
① 指揮隊が現場到着時の火災実態の把握から、状況報告⇒活動方針⇒応援要請の判断⇒部隊指揮⇒活動報告⇒延焼防止見込み⇒延焼防止⇒鎮圧⇒残火処理⇒鎮火⇒現場引揚げまで、時々の延焼状況と消防活動の効果を踏まえて、消防活動全体を管理すること。
② 人命検索、救助及び消火活動等の消防活動が効果的に行われるように部隊を指揮、統制、管理すること。
③ 火災現場の部隊管理、情報管理、安全管理、リスク管理及び労務管理等の現場管理が円滑に行われるように管理すること。

第1 指揮本部の設置等

指揮本部は、火点建物の周辺で、火災状況の把握や部隊活動の掌握及び部隊指揮等に適した場所に設置する。また、設置した指揮本部は、消防活動の効果等による消防活動の推移を踏まえて、指揮本部の運営に適した場所に変更するなど、柔軟に対応する必要がある。

図3-1 指揮本部の設置

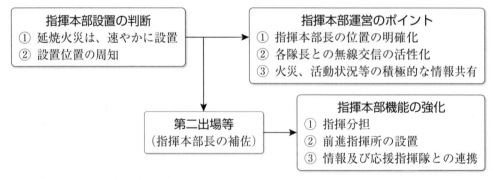

1 指揮本部の設置

(1) 指揮本部の設置時期等
ア 指揮本部設置の時期

延焼火災の場合には、指揮本部を速やかに設置する。指揮本部の設置時期は、火点一巡後の状況報告又は活動方針の下命の前後に、火点建物周辺で指揮本部の運営に適した位置に設置する。

また、指揮隊が後着となる場合や、道路狭隘地域等で、指揮隊車の部署位置が火点建物から遠く離れてしまった場合には、伝令及び指揮担当に対して通信担当との連携に注意するように指示し、速やかに火点建物周辺に指揮本部を設置（現場指揮板のみ）させて、状況報告、活動方針の下命、筒先の誘導及び配備等初動時の指揮対応に区切りがついた段階で、指揮本部の設置位置の変更等を行わせる。

イ 防災センターへの指揮本部の設置

防災センターが設置されている建物の火災時には、防災センター機能（設備及び防災センター要員等）の活用による効率的な消防活動が求められることから、指揮本部は原則として防災センター内に設置する。

また、防災センター内に指揮本部を設置した場合には、必要により一時的に救助指定中隊長を火点階の局面指揮者に指定し、その後現場到着した出張所長等を局面指揮者に指定して、火点階と指揮本部との連絡ルートを確保させて連携強化を図る。

なお、高層、超高層建物及び地下室等の火災で、無線障害により指揮本部（防災センター）と火点階との連携等に支障がある場合で、屋外に指揮本部を設置した方が効果的と判断した場合には、火点階と防災センターとの連携に適した位置に指揮本部を設置するなど、実態に即した柔軟な対応が求められる。

(2) 指揮本部設置の周知徹底

指揮本部を設置した場合には、その旨を警防本部に報告するとともに、各隊の活動状況等の報告、連絡を円滑にするため、設置位置等を出場各隊に周知徹底する。

また、第二出場等の応援要請時には、応援隊が現場到着する時期を見計らい、繰り返し周知するよう配意する。

［活動隊に対する指揮本部設置の周知の例］

> ① 「指揮本部から出場各隊、火点建物北側路上に指揮本部を設置、終わり。」
> ② 「○○中隊長は指揮本部まで、なお、指揮本部は火点建物北側路上、終わり。」
> ③ 指揮本部から出場各隊、地下1階防災センターに指揮本部を設置、終わり。」

2 指揮本部設置時のポイント

(1) 指揮本部運営時の指揮位置

大隊長は、指揮本部設置後は指揮本部長として、努めて指揮本部において指揮本部の運営にあたる。現場の指揮及び現場確認等で一時的に指揮本部を離れる場合には、原則として大隊長と指揮担当が同時に指揮本部を離れることのないように配意する。

(2) 無線交信の活性化

指揮本部運営は、指揮担当が各中小隊長との無線交信を積極的に行い、指揮本部と各中小隊長間との指示、命令、報告、連絡、要請等のサイクルを迅速に回していくことが重要である。

このためには、指揮担当の無線交信能力の向上とともに、各中小隊長には指揮本部からの指示、命令等に対して機敏に反応することが求められる。平素から指揮本部からの呼び出しに迅速に反応するよう徹底しておく必要がある。

また、徹底にあたっては、大隊長自身も指揮担当又は各中小隊長から判断等を求められた場合には、迅速、的確な回答が求められるので配意する。

(3) 活動状況等の情報共有

活動状況等の情報共有は、消防活動を円滑かつ効果的に行ううえで大変重要であるとともに、指揮本部と活動隊との一体感及び隊相互の連携の醸成に効果的である。

大隊長は、指揮本部で掌握した活動状況等の情報を整理、分析し、積極的に部隊にフィードバックし、情報共有を図らせる。

図3-2 活動状況等の情報共有

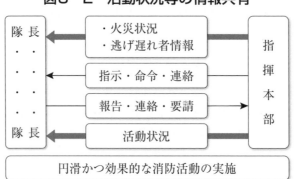

3 指揮本部機能の強化

(1) 指揮分担

　複数棟の延焼拡大火災、高層階の火災及び大規模な倉庫火災等で、指揮本部の運営を強化する必要がある場合には、出張所長及び消防司令等を局面指揮者に指定し、局面指揮にあたらせるなど、指揮分担に配意する。なお、局面指揮者の指定時は、局面の活動部隊を指定するとともに、局面指揮者の名称（担当局面（場所、機能の要素）を冠称し、○○担当隊長と呼称する。）及び任務を周知徹底するものとする。

　また、高層階等の火災初期には、救助指定中隊長に火点階の局面指揮を行わせると、火点階の消防活動を効果的に管理することができるので配意する。

Point 3-1　局面指揮の例

火災区分	局面指揮の範囲
1　木造、防火造建物火災	① 背面の指揮（人命検索、消火活動等） ② 人命検索、救助活動の指揮（逃げ遅れ者情報がある場合等） ③ 隣接耐火造建物への警戒及び消火活動の指揮
2　耐火造建物火災	① 火点階の消防活動の指揮 ② ダクト火災時の火点検索活動等の指揮 ③ 水損防止活動の指揮

(2) 前進指揮所の設置等

　高層建物、深層地下施設、産業廃棄物処理施設、大規模倉庫等の火災で、活動範囲が広く火災実態や消防活動の把握が困難と判断される場合及び指揮本部からの直接指揮が困難であると判断される場合には、前進指揮所担当隊長を指定して前進指揮所を設置し、指揮体制の強化を図る。

　なお、前進指揮所の設置時には、設置位置等を速やかに周知する。

Point 3-2　前進指揮所の設置位置

災害区分	設置位置
1　高層ビル、地下街等の火災	① 設置階は火点直下階又は火点階で危険の少ない場所 ② エレベーターの乗降ロビー、特別避難階段の附室、階段室付近等
2　倉庫等の大規模火災	① 指揮本部の反対側で活動前線に接し、危険の少ない場所 ② 指揮本部との連絡が十分確保できる場所 ③ 資器材の集結、ボンベ交換等作業に必要な空間を有する場所 ④ 一般人、関係者、報道関係者等から影響を受けることが少ない場所

(3) **情報及び応援指揮隊との連携**

情報及び応援指揮隊との連携については、本章「第2節　情報指揮隊、応援指揮隊との連携」による。

第2　火災初期、中期、後期の指揮本部運営

指揮本部の運営は、木造、防火造建物火災で顕著な、火災の初期、中期、後期の区分に分けて確認すると、各期の指揮本部運営のポイントを容易に把握することができる。

ここでは、木造、防火造建物火災を中心に、指揮本部の運営について確認するものとする。

1　火災初期の指揮本部運営

```
                火災初期の指揮本部運営等の流れ

 ○ 現場到着 ─ 実態把握 ─ 状況報告 ──── 活動方針 ──── 活動報告 ────
                              ・応援要請
                                ・第二出場
                                  ・火災建物用途に応じた特殊車両等
                              ・指揮本部の設置
                                ・指揮本部運営体制等の確立
                                  ・署隊本部との連携

 ○ 人命検索、消火活動の指揮
        ・救助指定中隊の活動状況の把握
        ・人命検索活動体制の早期確立（屋内及び屋外の両面から）
        ・筒先、警戒筒先の配備（延焼経路となる部分に迅速に）
        ・連結送水管の活用

 ○ 現場管理 ──────[安全管理]─────
        ・倉庫等の進入統制（進入制限・禁止、退避、安全監視等）
        ・対面注水による受傷防止
```

(1) **火災初期の指揮本部運営のポイント**

火災初期の指揮本部運営は、現場到着後の限られた時間の中で、対象火災の具体的な人命危険、延焼拡大危険及び活動（作業）危険を迅速に判断して、状況報告、活動方針の下命、応援要請の判断、指揮本部の設置及び部隊指揮等、初動時の対応をいかに具体的にイメージできるかがポイントである。

(2) 対象火災の具体的な危険性の判断

現場到着時に、対象火災の具体的な人命危険、延焼拡大危険及び活動（作業）危険を迅速に判断することは、火災初期の指揮本部運営に大変重要である。対象火災の危険性は、Point 2-13で示したように、危険実態の状況パターン例のいずれかに対象火災の危険性をあてはめることにより、具体的な危険性を迅速に判断し、イメージすることができる。

(3) 状況報告の管理

指揮隊が、現場到着後に行う状況報告（概ね5分以内を目安）は、出場各隊が迅速に人命検索活動や消火活動等に着手し、また、警防本部が部隊運用を円滑に行うためにも大変重要であり、早期に状況報告が行えるように管理する。

Point 3-3　状況報告の項目

区分	一般建物火災	高層建物火災
報告内容	① 所在 ② 構造、階層、用途 ③ 延焼棟数 ④ 延焼拡大危険方向 ⑤ 飛火危険がある場合はその旨 ⑥ その他必要な事項	① 所在、名称 ② 構造、階層、用途 ③ 延焼階 ④ 延焼拡大危険方向 ⑤ 特殊消防対象物警防計画樹立対象物である場合はその旨 ⑥ その他必要な事項
備考	① 指揮隊の到着が著しく遅れる場合は、最先着中隊長が報告する。 ② 各報告事項は、可能な限り一括報告する。	

［住宅火災の状況報告の例］

① 「状況報告、災害○○、○○区○○町○丁目○番○号にして、ブロック内火災、住宅1、2階延焼中、周囲に延焼拡大危険大。」
② 「状況報告、災害○○、○○区○○町○丁目○番○号にして、ブロック内火災、住宅○棟○㎡延焼中、○側に延焼拡大危険大。」

(4) 迅速な活動方針の下命と第二出場応援要請の判断

活動方針は、状況報告とあわせて下命すると活動方針が分かりやすく、迅速に下命することができる。同様に、第二出場の応援要請は、活動方針の下命とあわせて判断することにより、タイムリーな要請が可能となるので、状況報告時に判断を行うように配意する。

なお、上位指揮者への指揮移行後に第二出場の応援要請が必要と判断される場合には、速やかに要請を具申する。

(5) 火災初期の消防活動の指揮
　ア　火災初期の部隊指揮のポイント
　　　初期の人命検索、救助及び消火活動の指揮対応は、火災実態を直感的に判断し、人命危険、延焼拡大危険及び活動（作業）危険の態様に沿った指揮対応を迅速に組み立てて、具体的な対応、措置等を次々と下命することが大切である。
　イ　救助指定中隊等先着隊の活動状況の把握
　　　火災実態に対応して人命検索、消火活動の指揮を迅速かつ的確に行うには、現場到着時に救助指定中隊の人命検索活動の着手状況及び先着隊の消火活動の状況等とあわせて、筒先の未配備建物、不足箇所を早期に把握し、後着隊への筒先配備等の下命に反映させていくことが重要である。
　　　また、耐火造建物火災では、階段室内の濃煙熱気等の状況や救助指定中隊の活動状況から、火点階（室）への進入の困難性等を早期に確認し、屋内階段からの進入に相当の時間を要すると判断される場合には、速やかに屋外階段、はしご車及び積載はしご等の活用による進入の可否を判断して、迅速に進入経路を確保させることが大切である。
　ウ　人命検索活動体制の早期確立

　　　人命検索活動体制の早期確立には、救助指定中隊が火点建物の人命検索活動に早期に着手していることが不可欠である。救助指定中隊による火点建物への迅速な人命検索活動の着手が困難と判断される場合には、火点建物周囲の活動隊で迅速に火点建物への着手が可能な隊に、救助指定中隊の活動の補完を下命する。
　　　既に救助指定中隊が人命検索活動に着手している場合で、延焼状況等から救助指定中隊のみでは迅速な人命検索活動が困難と判断される場合には、必要により隊を指定して救助指定中隊への活動支援を下命し、人命検索活動体制の早期確立を図らせる。また、現場到着時に窓等から救助を求めている要救助者がいる場合や逃げ遅れ者情報がある場合で、特別救助隊、はしご隊等の増強が必要と判断される場合には、必要部隊の応援要請を速やかに行う。
　エ　筒先未配備建物等への迅速な筒先配備
　　　火災初期の消火活動の指揮ポイントは、筒先の未配備建物、不足箇所に迅速に筒

先配備を行うことである。筒先未配備建物等への筒先配備は、先着隊に新たなホースの延長や転戦を下命し、又は後着隊の筒先を迅速に誘導して配備させる。

なお、耐火造建物火災の場合には、火点室、火点上階等への早期の筒先及び警戒筒先の配備を重点とする。

2 火災中期の指揮本部運営

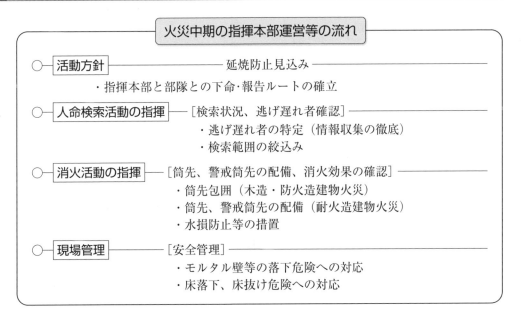

(1) **火災中期の指揮本部運営のポイント**

火災中期の指揮本部運営は、火災初期の指揮対応が一段落し、活動方針等に基づく人命検索、消火活動を積極的に展開する時期であり、指揮本部で把握している人命検索、消火活動の状況を積極的に部隊にフィードバックし、情報共有を図らせる。

また、消防活動の指揮にあたっては、人命検索活動に手薄な箇所はないか、筒先の未配備建物、不足箇所がないかを、現場確認及び現場指揮板等により確認して、部隊及び筒先を投入する。

さらに、第二出場の応援要請時には、現場到着する第二出場隊に対する任務付与（活動先）及び重点箇所への筒先配備の下命等の対応が求められることから、これらの対応が円滑に行えるように、あらかじめ指揮本部長に第二出場隊への具体的な任務付与及び筒先配備先等を確認しておくことが大切である。

(2) **消防活動効果の活動方針等への反映**

ア　消防活動の効果を踏まえた活動方針の下命

活動方針を下命後、消防活動の効果により人命検索、消火活動の範囲が絞り込まれてきた場合には、「人命検索活動は、○○室を重点」「消火活動は、火点建物○側

を重点」等と、時々の消防活動の重点に対応した具体的な活動方針を下命し、消防活動を管理する。

　また、本人、家族等から逃げ遅れ者なしが確認された場合には、「逃げ遅れ者なしを確認、周囲への延焼阻止を重点とする。」等との活動方針を下命する。

図3-3　消防活動効果を踏まえた消防活動等の管理

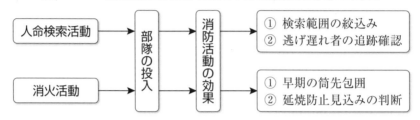

　イ　人命検索活動範囲の絞込み

　　全員の避難が確認されていない場合には、人命検索活動範囲の絞込み及び避難未確認者の追跡確認が重点となり、活動方針は、「引き続き、○○（具体的な場所等）の検索及び避難未確認者の追跡確認を重点とする。」等と下命する。

(3)　**延焼防止見込みの判断**

　火点建物及び延焼建物への筒先包囲がほぼ完了すると、次には「延焼防止見込み」の判断となる。この時期には、延焼防止見込みをいつ打ち出すかを頭に入れて、延焼棟数、焼損面積、筒先口数等の確認を指揮担当、伝令等に指示して消火活動を管理する。

　延焼防止見込みの判断のポイントは、木造、防火造火災の場合には、筒先包囲後に消火活動の効果を待って行うが、複数棟の延焼拡大火災では、経験則から火点建物周辺上空の火炎、黒煙等が白煙等に変わった場合（夜間の場合は、赤い火炎がなくなった場合）には、ほぼ筒先包囲が完了したと判断できるので、この頃を見計らって、延焼棟ごとに消火効果を確認して延焼防止見込みを判断する。また、マンション火災等の場合には、火点室等から噴出する火炎、黒煙等が灰色、白煙等に変わった場合には、火点室に筒先が入り、放水が開始されたと判断できるので、火点室及び延焼階等の消火効果を確認して延焼防止見込みを判断する。

　延焼防止見込みを決心した場合には、指揮担当等と延焼棟数、焼損面積、筒先口数

等のすり合わせを行い、延焼防止見込みを下命し、警防本部への報告と部隊への周知を行わせる。

［延焼防止見込み報告の例］

> 「災害○○は、12口で包囲完了、6棟、300㎡延焼中、この程度で延焼防止できる見込み。」

(4) 警防本部等との連携（活動報告等の管理）

　火災中期には、活動の節目節目に警防本部への積極的な活動報告を配意する。適時の活動報告は、その報告の過程において指揮本部が消防活動全体を掌握でき、出場部隊との情報共有を図るうえで重要である。活動報告を円滑に行うためには、あらかじめ指揮担当及び伝令に対して、延焼棟数、焼損面積、筒先口数等を確認させておく必要がある。また、活動報告時には、その都度、通信担当から指揮担当又は伝令を介して大隊長に、「○○について警防本部へ報告（要請）済み」又は「警防本部から指揮本部長に○○の確認あり」等の報告を徹底させて、警防本部との連携状況を確認しておくことも大切である。

Point 3-4　活動報告のポイント

項　目	内　　容
①　延焼及び消火活動の状況	延焼棟数、延焼面積、延焼拡大危険の方向、筒先口数等
②　人命検索活動状況	逃げ遅れ者数、人命検索活動、救助活動及び避難誘導等の状況

［活動報告の例］

> ①　「災害○○は、住宅5棟、300㎡延焼中、北側に延焼拡大危険大、13口で活動中。」
> ②　「災害○○は、住宅5棟、300㎡延焼中、逃げ遅れ者1名ある模様、引き続き検索活動中。」

(5) 消防活動の安全監視及び水損防止等

　ア　消防活動の安全監視

　　火災の中期以降は、モルタル壁等の落下、床抜け・床落下等が発生する危険性が高くなるので、活動隊に対して注意を喚起するとともに、安全管理隊の隊長に対して安全監視と監視状況の報告の徹底を図らせる。

　イ　水損防止への配慮

　　火災中期の消火活動は、常に水損防止に配意した指揮対応が求められる。火災の推移及び消火活動の状況を確認し、中小隊長に対して「水損防止に配慮した注水」を具体的に指示するとともに、火点階（室）及び下階の消火水の影響を早期に把握

させて、必要により火点階に滞留している消火水の早期排出及び下階の水損防止措置等を下命する。

3　火災後期の指揮本部運営

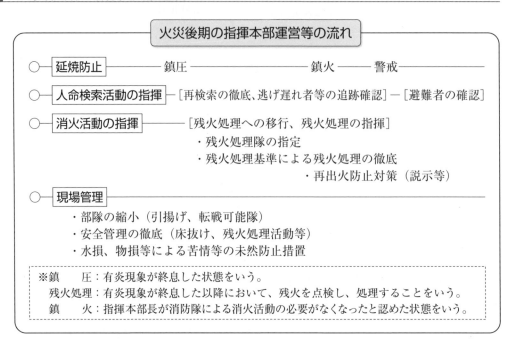

(1)　火災後期の指揮本部運営のポイント

　　火災後期は、延焼防止の判断と鎮圧、残火処理、鎮火等の流れとなる。これまでの消防活動の効果を踏まえて、逃げ遅れ者等の最終確認、残火処理及び部隊の縮小等を重点に行う。

Point 3-5　火災後期の指揮本部運営の重点項目

項　目	内　　　　　容
人命検索活動	・全員の避難が確認されるまで人命検索活動の続行 ・逃げ遅れ者及び避難未確認者の追跡確認の徹底
消火活動	・残火処理 ・再出火防止措置
現場管理	・部隊の縮小 ・残火処理時の安全管理 ・苦情等の未然防止の措置

(2)　消火活動等の管理

　ア　延焼防止の判断と残火処理への移行

　　「延焼防止見込み」以降は、棟単位に消火活動の効果を確認しながら延焼防止

（消防隊の消火活動により火勢拡大の危険がなくなった状態）の判断を行う。

また、残火処理への移行は、方針を明確に指示して、残火処理基準に基づく残火処理と事故防止の徹底を図る。さらに、鎮火後には、再出火時にも迅速に対処できるように、関係者に対する監視、警戒の依頼及び説示等を行い、再出火防止対策の徹底を図る。

イ 人命検索活動の再徹底

全焼火災で堆積物等が多く、残火処理の段階になっても全員の避難が確認されていない場合には、既に人命検索活動を終えた場所を含めて、人命検索活動の再徹底と避難未確認者の追跡確認を重点に行う。

(3) 部隊の縮小、リスク管理等

ア 出場部隊の縮小と転戦可能隊の早期把握

延焼防止以降は、活動隊、不従事隊、待機隊等を速やかに把握し、部隊の縮小を行わせるとともに、転戦可能隊を速やかに警防本部に報告させる。延焼拡大火災及び第二出場要請時に部隊の縮小をタイミングよく円滑に行うには、あらかじめ指揮担当等と部隊の縮小及び転戦可能隊の把握要領等について確認しておくことが大切である。

Point 3-6 部隊の縮小要領の例

① 引揚げ隊には、指揮本部に活動状況を報告させてから引揚げを行わせる。
② 部隊の縮小については、概ね次の順で行わせる。
　a　特命隊及び第二出場隊等で活動していない隊
　b　特命隊及び第二出場隊等で活動している隊（自署隊等に活動を引き継がせる。）
　c　第一出場隊で他署の隊（必要により自署隊等に活動を引き継がせる。）

イ 早期の交通復旧への配慮

部隊の縮小にあたっては、火災現場周辺の早期交通復旧に配慮し、速やかにホースラインの整理（代替ホースの延長、ホースの撤収等）、部署車両の移動及び早期現場引揚げを徹底させることが大切である。特に、路線バス道路を横断しているホースラインの整理には、作業の効率と安全確保の観点から、現場の警察責任者への協力要請についても配意する。

ウ 指揮隊引揚げ時の現場確認

指揮隊の現場引揚げ時には、苦情等の未然防止の観点から、火点建物周辺の類焼建物及び延焼していない建物の居住者の動向等に配意し、建物内や敷地内のホース延長及び消火活動に伴う水損、物損等の有無を確認後、現場を引き揚げることが重要である。

第3　二次、三次火災等への指揮本部対応

　大隊長として、二次、三次火災等発生時の対応を的確に行うためには、指揮隊の二次、三次火災発生時の対応能力の向上と、各中小隊長等の二次、三次火災発生時の対応要領等の徹底を図っておくことが大切である。

図3－4　二次、三次火災への対応

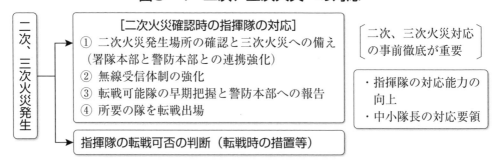

1　二次、三次火災等への対応

(1)　**二次火災発生への対応**

　二次火災の発生を確認した場合には、まず発生場所及び延焼状況を確認する。過去に、放火等により同一管内で1時間以内に連続して4件の延焼火災が発生した事例もあるので、二次火災発生時には三次火災への対応も含めて備えさせる。

　複数の火災がほぼ同時刻、同一地域に発生した場合には、出火番地の確認が困難な場合が多く、初期の段階では部隊が分散され、混乱することが予想されるので、それぞれの火災の出火番地及び延焼状況等を見極めて、部隊の活動を強く統制する。

　また、二次、三次火災の指揮対応を円滑に行うためには、あらかじめ二次、三次火災発生時の対応要領について検討しておくことが大切である。

(2)　**飛火火災発生時の対応**

　飛火火災の発生時には、直ちに対応できる隊を把握して転戦を下命し、該当中小隊長には火災の状況を速やかに警防本部に報告させるが、一次火災の延焼状況及び飛火火災の状況によっては、直ちに警防本部へ応援要請を行う。

(3)　**無線受信体制の強化**

　二次火災の発生時には、出場各隊に二次火災発生の周知と無線（車載無線、携帯無線）受信体制の徹底を図るとともに、通信担当に対し警防本部及び指揮担当、伝令等との連携に配意するよう指示する。また、同一区域での二次、三次火災発生時には、無線交信の混乱も予想されるため、必要により他の通信手段（署隊本部、現場電話の

活用等）の確保を考慮する。

> **【延焼火災が200ｍの距離を置いて、ほぼ同時に発生した事例】**
> 　救助指定中隊が出場途上に延焼火災を発見し、指令された現場であると判断して、警防本部に火点訂正を行い、活動を開始した。しかし、ほぼ同時に出場指令番地付近に到着した第２到着隊からの至急報により、現場が２か所であることが判明した。

(4) 中小隊長の二次、三次火災への対応要領の徹底

　二次、三次火災発生時には、中小隊長の状況判断が大変重要である。二次、三次火災発生時に、中小隊長に的確な対応を行わせるには、あらかじめ対応要領について徹底を図っておくことが大切である。

Point３−７　中小隊長の二次火災発生時の対応要領の例

項　目		内　容
1	途上、二次火災を発見	① 現在位置と認知場所の方位、目標等を速やかに警防本部に報告する。 ② 原則として指令番地に出場する。 ③ 延焼状況及び到着状況等により、別件火災に出場する必要があると判断した場合には、警防本部にその旨を報告する。
2	出場隊	① 延焼防止以降は、二次火災に備え、迅速な出場態勢を確保する。 ② 転戦可能隊は、速やかに指揮本部長への転戦可能を報告する。 ③ 該当火災出場区の普通火災出場計画の第１、第２出場欄に指定されている隊は、指揮本部長の転戦命令により出場する。
3 二次火災出場隊	(1) 最先到着隊	① 人命検索、救助活動を最優先とし、火災実態を速やかに警防本部に報告する。 　a　火点建物の所在、名称、目標 　b　人命危険、延焼拡大危険、活動（作業）危険 ※ 現場報告には、単に「延焼中」だけでなく、各出場隊が火災状況を描きやすいように、延焼拡大危険状況を具体的に報告するよう配意させる。 ② 必要部隊の応援要請を早期に行う。 ③ 人命検索、救助活動体制を早期に確立する。
	(2) 消火活動	多口放水及び移動注水による広範囲な担当面を確保する。

2 転戦下命及び指揮本部指揮隊の出場

(1) **転戦可能隊の把握と転戦下命**

　二次、三次火災発生時には、時機を失することなく転戦可能隊を把握し、警防本部に報告する。

　また、転戦可能隊を転戦出場させる場合には、出場隊名を警防本部に報告し、転戦出場の混乱防止を図る。

　部隊への二次、三次火災への転戦下命時には、無線の混信等に留意し、中小隊長から受命の回信を取るとともに、転戦時には出場報告を徹底させる。

(2) **指揮本部指揮隊の出場**

　二次火災発生時には、時機を失することなく指揮隊の出場の可否を報告し、出場が遅れる場合には遅延理由等を警防本部に報告する。転戦可能な場合には、一次火災現場の指揮を現場の出張所長又は救助指定中隊長等に下命し、その旨を警防本部へ報告して、積極的に二次火災等に出場する。

　なお、応援（情報）指揮隊等として出場し、指揮本部指揮隊より早く現場到着した場合には、積極的に指揮宣言を行い、指揮本部指揮隊が到着するまで指揮本部長の任務を行うものとする。

第2節 情報指揮隊、応援指揮隊との連携

　指揮本部指揮隊と情報指揮隊、応援指揮隊との連携のポイントは、出場してきた各指揮隊の機能を十分に発揮させることである。このためには、指揮隊が現場到着時に報道対応に伴う情報活動及び背面（例えば③④建物）の局面指揮等の具体的な任務付与を速やかに行い、指揮本部への密な報告、連絡を徹底させるなどして、情報及び応援指揮隊の活動を積極的に支援し管理することが求められる。

第1　情報指揮隊との連携

　大隊長は、現場に到着した情報指揮隊長に対して、情報収集、処理体制の早期確立及び報道対応等の任務を付与し、情報指揮隊との連携を図るが、いかに情報指揮隊の機能を十分に発揮させることができるか、指揮本部指揮隊の手腕が問われる。

図3−5　情報指揮隊との連携

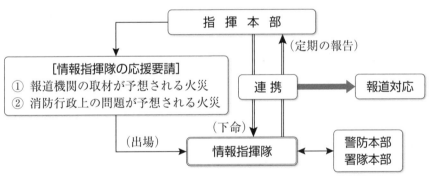

1　情報指揮隊への任務付与

(1) 火災実態に即した任務付与

　　情報指揮隊長の任務は、「指揮本部長の特命する情報に関する重点事項及び報道対応等を最優先とする。各種情報の収集・分析、整理及びまとめ等、情報に関する統括的な業務を行うとともに、消防活動上必要な情報は速やかに指揮本部長に報告する。」

ことである。

情報指揮隊が到着した場合には、具体的な任務付与を行うが、任務付与にあたっては、逃げ遅れ者情報、延焼状況及び消防隊の活動状況等について、現場指揮板等を活用して簡潔に説明し、情報指揮隊が直ちに任務に入れるように配意する。

(2) 報道対応を前提とした下命

報道発表が必要と判断される場合には、情報指揮隊長への任務付与時に、報道発表者の指定（予定）及び報道発表の予定時間並びに情報活動の進捗等を踏まえて報道発表時間の調整を行う旨を伝え、報道発表を前提とした情報活動を下命する。

2　情報指揮隊の活動管理

(1) 必要情報の指揮本部への報告の徹底

指揮本部で知りたい情報、把握したい情報は、火災の状況及び消防活動の効果等によって刻々と変化する。指揮本部で必要とする情報を迅速に収集させて消防活動に反映させるためには、指揮本部で今必要としている情報を積極的に情報指揮隊長に伝えるとともに、情報活動状況の定期（密な）報告の徹底を指示し、情報指揮隊長との接触機会が多く得られるよう配意する必要がある。

指揮本部で必要とする情報の収集をいつでも情報指揮隊長に下命し、把握できるようにしておくことが大切である。

(2) 報道発表を前提とした情報活動の管理

報道発表が必要と思われる場合及び報道発表を決心した場合には、報道発表を前提に情報指揮隊の情報活動を管理する。

情報指揮隊の情報活動の状況は、情報管理カードの作成状況を確認することで把握することができるので、報道発表予定時間等を念頭に入れ、適時に情報管理カードの作成状況について報告を求め、欠落情報の早期収集等を重点に情報活動を管理する。

Point 3-8　情報管理カードの項目

① 部隊運用状況等　② 焼損建物等　③ 救助・避難確認等　④ 死傷者一覧
⑤ 発見・通報・初期消火の状況等　⑥ 火災に至った経過等　⑦ 防火管理等

3　指揮本部の報道対応

(1) 報道発表が必要と判断した場合の対応

火災等の状況から報道発表が必要と判断した場合には、報道対応の方針（発表者の指定、発表の予定時間、発表内容及び情報活動要領等）を明示して、情報活動の効率化と署隊本部及び警防本部等との連携強化を図る。

また、報道対応を的確に行うためには、平素から新聞、テレビ等における火災等の報道に関心を持って、報道対応の感性を磨いておくことが大切である。

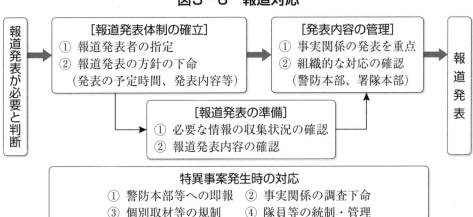

図3-6　報道対応

(2)　報道発表時期の判断

　報道発表時期の判断には、発表に必要な情報が収集され、整理されていることが不可欠である。報道発表を決心した場合には、速やかに不足情報、問題点等を抽出して追跡確認、情報収集等を指示するとともに、情報指揮隊長等から収集情報及び情報の整理状況等を確認して、発表時間を決定する。

(3)　事実関係の発表を重点

　報道機関の取材では、火災の事実関係のほかに、過去の火災事例、行政上の問題点等の取材が予想される。指揮本部での発表は、火災の進捗にあわせてPoint3-9の事実関係を中心に発表し、それ以外の取材に対しては署隊本部等で対応させるように配意する。発表者を指定した場合には、特に未把握の情報や個人情報等の取扱いについて十分に留意させる。

Point 3-9　事実関係

①　時間経過（覚知から鎮火まで）
②　火元建物の所在、名称、構造、階層、建・延面積、用途（延焼建物を含む。）
③　火元責任者の氏名、年齢、世帯数、人員（延焼建物を含む。）
④　焼損面積、焼損物件
⑤　発見、通報、一般人の人命救助
⑥　逃げ遅れ、避難の状況
⑦　死傷者の年齢、性別、けがの部位、住所（火元居住者のみ）、氏名（死者のみ）
⑧　管轄署名、出場種別、消防隊の活動

⑨　出火場所、火災に至った経過
⑩　消防用設備等の作動状況、活用状況
⑪　気象状況

出典：『3訂版　災害時の情報活動マニュアル』（公益財団法人　東京連合防火協会・東京法令出版㈱発行）

(4) 組織的な対応の確認

　報道発表にあたっては、報道機関の本部、消防署への取材を考慮に入れて、署隊本部、警防本部と公表内容（範囲）についてすり合わせを行い、発表内容の統一を期するように配意する。

　また、火災現場では、関係機関と連携して職務を遂行することが多いことから、関係機関の現場責任者と公表内容について調整を行うなどの配慮も大切である。

第2　応援指揮隊との連携

　第二出場要請時には、指揮本部長の応援指揮隊長への任務付与及び応援指揮隊の活動管理等が円滑に行われるよう補佐する。情報指揮隊との連携と同様に、応援指揮隊がその機能を十分に発揮できるように、いかに応援指揮隊の指揮活動等を支援し、管理するかが連携のポイントである。

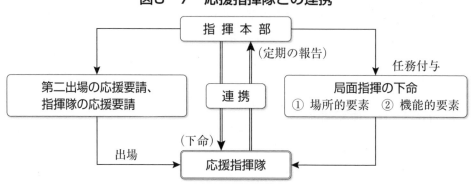

図3－7　応援指揮隊との連携

1　応援指揮隊への任務付与等

(1) 局面指揮の必要性

　大隊長は、災害状況及び消防活動状況等から局面指揮が必要と判断した場合には、指揮本部長に対して、方位、階層等の場所的要素及び消火、救助又は後着部隊管理等の機能的要素を明確にして必要性を具申し、応援指揮隊長への任務付与等の判断に資

するものとする。

[局面指揮の任務付与例]

① 木造、防火造建物火災時の南面の消防活動の指揮（南面担当隊長）
② 耐火造建物10階局面の消防活動の指揮（10階担当隊長）
③ 倉庫火災時の進入管理の指揮（進入管理担当隊長）

(2) 任務付与時の配意

　　大隊長は、指揮本部長から応援指揮隊長への任務付与時には、応援指揮隊が直ちに任務に入れるよう、逃げ遅れ者及び消防活動の状況並びに消防活動の重点等のすり合わせを積極的に行い、局面の指揮対応が円滑に行えるように配意する。

2　応援指揮隊の活動管理

(1) 指揮本部への指揮活動状況の報告の徹底

　　応援指揮隊長に局面指揮又は前進指揮所担当隊長の任務が付与された場合には、指揮本部への活動報告を密に行わせることが、指揮本部長補佐としての応援指揮隊の活動管理のポイントである。応援指揮隊長によっては、局面又は前進指揮所の指揮等に追われて、指揮本部への報告が遅れることがあるので、指揮本部への報告がない場合及び報告が遅延する場合には、積極的に報告を求め、報告を徹底させる。

Point 3-10　指揮本部への報告等の徹底項目

① 火災実態（人命危険、延焼拡大危険、活動（作業）危険等）
② 部隊等の活動状況
③ 指揮本部長の活動方針に基づく指揮活動の状況
④ 前進指揮所の管理状況（資器材の集結、交替要員、救護・救援体制の確保等）
⑤ その他、特に必要な事項

(2) 局面の指揮活動状況の把握

　　大隊長は、指揮本部長が局面指揮及び局面指揮所等設置の指揮分担を行った場合には、適時に局面指揮所又は前進指揮所に行き、部隊の活動及び指揮活動等の状況を確認し、局面指揮者と指揮本部との連携に配意する。地上での指揮分担の場合には、容易に現場を確認できるが、高層階の前進指揮所との連携についても、意識して前進指揮所まで行って部隊の活動状況及び指揮活動の状況を確認しておくことが、以降の円滑な指揮本部運営につながるので大変重要である。

　　前進指揮所の活動管理にあたっては、指揮本部（防災センター）、前進指揮所との連絡体制、前進指揮所と活動隊との連絡体制並びに非常用エレベーター、階段等の進

入口の担当者等と前進指揮所、指揮本部との連絡体制（インターホン、非常用通話装置、携帯無線等）を確保して、前進指揮所が十分に機能するように配意する。

なお、高層建物等の場合で前進指揮所との間に無線障害があるときには、建物の非常用通話装置、ＰＨＳ等の活用による指揮本部との連絡ルートを確保し、常に指揮本部と連絡が取れるように、必要により専任の隊員を配置させて対応する。

図3-8　前進指揮所等との連絡体制

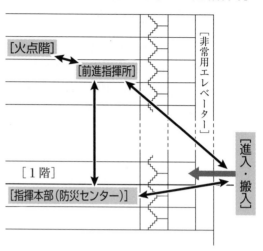

第4章

人命検索、救助及び消火活動の統括指揮

　大隊長の部隊指揮には、豊かな現場経験に裏打ちされた判断力と統率力が求められる。延焼火災の経験を積む機会が減少傾向の中で、延焼火災の機会（経験）を最大限能力の向上につなげられるように、過去の現場経験及び火災事例、消防活動基準（要領）等の研究をベースに、統括指揮能力の向上に努め、総合訓練、実火災等を通して、統括指揮のコツを一つでも多く身に付ける意欲的な取組が求められる。

第1節 人命検索、救助活動の統括指揮

　人命検索、救助活動の統括指揮は、逃げ遅れ者情報がない場合、逃げ遅れ者情報がある場合及び逃げ遅れ者が助けを求めている場合の3つの指揮対応モデルをベースに、自信を持って自在に統括指揮できるように能力向上を図っておく必要がある。

第1 逃げ遅れ者情報がない場合の人命検索活動の指揮

　逃げ遅れ者情報がない場合の人命検索活動の指揮対応を円滑に行うには、**指揮対応モデル例2－3**をベースに、人命検索活動の指揮対応能力の向上を図っておく必要がある。

1 火点室の人命検索活動を重点

(1) 救助指定中隊等の人命検索活動の早期着手

　　大隊長は、現場到着時に逃げ遅れ者の有無が不明な場合には、原則どおりに救助指定中隊が火点室の人命検索活動に着手しているかを直ちに確認する。火点建物への救助指定中隊の進入位置（箇所）等から、迅速な人命検索活動の着手が困難と判断される場合には、その進入位置等の修正を下命する。

　　なお、火点建物が全焼状態で火勢が熾烈のため屋内進入が不可能な場合には、一時的に火勢制圧を優先し、屋内進入できる状況を確保させてから人命検索活動にあたらせるものとする。

Point 4－1　屋内進入箇所選定の基本

> ① 人命検索、消火活動時の進入箇所選定は、建物の燃えていない部分（玄関、階段及び開口部等）からの進入を第一とする。
> ［理由］a　比較的屋内進入が容易で、人命検索活動が迅速・確実に行える。
> 　　　　b　燃えていない部分からの筒先進入は、筒先が常に延焼方向に正対する位置となり、火を迎え撃つ積極的な消火活動が可能となる。
> ② 火煙が噴出している開口部から進入する場合は、他からの進入に著しく時間を要する場合又はその開口部の直近に逃げ遅れ者がいる場合とする。

［理由］a 三連はしごの架ていや火勢制圧に時間を要し、迅速な人命検索活動ができない。
　　　　b 燃えている部分からの筒先進入は火勢を反対方向に追い込む位置となり、背面への延焼拡大要因となる。

Point 4-2　耐火造建物火災の屋内進入経路確保の指揮ポイント

進入経路区分	進入経路の確保手段等
1　屋内の進入経路の確保	① 屋内階段からの進入を基本 ② 濃煙熱気の階段室内への強行進入時は、援護態勢を確保 ③ ペントハウスのドアの開放等による階段室内の排煙
2　屋外からの進入経路の確保	① 屋外階段からの進入を優先（屋外階段がある場合） ② はしご車や三連はしご、単はしご等による進入手段の判断 ③ はしご車の進入経路及び活動スペースの確保等の下命 ④ はしご隊との連携隊の指定
3　隣接建物や塀等の工作物を利用した進入	① 塀等の工作物の利用 ② ベランダ、バルコニー、避難用タラップ等の利用 ③ 隣棟の屋上等の利用 ※ 屋上に避難橋が設置されていない場合は、活動（作業）危険が大きく、活動効率が悪くなることを念頭に置いた指示、命令、現場管理が必要である。
4　エレベーター	非常用エレベーター以外は、原則として使用禁止

Point 4-3　耐火造建物火災の人命検索活動の重点場所等

① 耐火造建物火災の人命検索活動の優先順位は、情報のある場所を第一とし、窓際、行き止まり廊下、階段室出入口、最上階、便所、部屋の隅等を重点とする。
② マンション等では、出入口、階段口、寝室、便所、風呂場、窓際、ベランダ等は、逃げ遅れ者が平素の生活習慣と無意識的習性に基づく行動により集まりやすいので、重点とする。

(2)　**救助指定中隊への活動支援の下命**

　大隊長は、火点建物の延焼状況等から、救助指定中隊のみでは迅速な人命検索活動が困難であると判断した場合には、隊を指定して救助指定中隊への活動支援を下命し、人命検索活動体制の早期確立を図る。
　なお、救助指定中隊への活動支援の下命は、一般的には、はしご隊が架てい不能、接近不能等の場合に、はしご隊を支援にあたらせることを大隊長の事前命令としている場合が多くある。下命にあたっては、救助指定中隊の活動状況並びに先着隊、はし

ご隊、特別救助隊等の活動状況を
踏まえて下命するよう配意する。

(3) 耐火造建物火災における進入統制
　ア　火点室への進入、注水の管理
　　(ｱ)　火点室に進入、注水時の事前報告の徹底
　　　　火点室への進入、注水は、同時に反対側（屋内又は屋外）より進入しようとしている隊及び既に火点室内で活動している隊に危害等を加えるおそれがあることから、火点室への進入、注水を行う場合には、例えば「○○隊、これから火点室に進入、注水を開始する。いかが。」等と、あらかじめその旨を指揮本部に事前報告するよう徹底させる。この事前報告は、訓練等を通して習慣付けされていないと、現場での徹底が困難な面がある。大隊長は、この点を十分に配意して「火点室への進入、注水にあたっては、事前に指揮本部に報告せよ。」と、事前命令を徹底させることが大切である。
　　(ｲ)　事前報告受信時の指揮本部の対応
　　　　火点室への進入、注水時の事前報告を徹底させるためには、「火点室に進入、注水を開始する。」との報告があった場合に、指揮本部（大隊長又は指揮担当）が直ちに反応して、「指揮本部、了解。火点室周辺での活動中の各隊、これから○○隊が屋内から火点室に注水する。危害防止に備えよ。」等と、速やかに火点室への進入、注水を周知するとともに、既に火点階（室）内で活動中の隊がある場合には、直ちに「○○中隊、火点室で検索活動中、注水待て。」と行動中止を指示し、報告隊及び火点室内での活動隊の双方に危害防止への対応措置を取るよう徹底を図らせるなど、指揮本部の機敏な対応が不可欠である。
　イ　進入隊の進入態勢の確認
　　　火点室内への進入隊員の管理は、中小隊長の責任において実施することが基本である。大隊長は、救助指定中隊及び先着隊が火点室内に進入しようとしている場面に直面した場合には、隊長の指揮状況とともに、隊の進入態勢の適否を瞬時に判断

して、必要な指示等を行うことが大切である。

　そのためには、平素の訓練等を通じて進入時の安全確保要領、人命検索活動要領、フラッシュオーバーへの対応要領、緊急時の退避要領、中小隊長の指揮要領及び隊員の活動能力等を把握し、活動の適否を瞬時に判断できる眼力を養っておくことがポイントである。

Point 4-4　火点室への進入、人命検索活動時のチェックポイント

① 注水態勢（ホースに水を乗せておく）
② 身体防護措置（防火衣、空気呼吸器、携帯警報器の確実な着装）
　・身体露出部のチェック
　・面体の気密確認、空気量の把握と活動時間の確認
　・携帯警報器のスイッチ「ON」の確認
③ 検索班２名１組、隊員カード、命綱、検索ロープ、投光器携行、検索体形（直列、並列等）
④ 開口部正面を避けて部署
⑤ 退路及び緊急連絡手段の確認（状況変化への対応）
⑥ 指揮本部への進入の事前報告、隊長の下命により進入等
⑦ 進入時、徐々に扉開放（火炎の噴出に注意）
⑧ 中性帯の確認、活用（扉開放・即注水は厳禁、火点室内の状況及び延焼範囲の確認）
⑨ 進入後の人命検索活動への注意、指示等
⑩ 緊急時の脱出要領等の指示

【人命検索活動中に火炎にあおられて受傷した事例】
　木造一部耐火造２階建ての倉庫併用住宅火災において、逃げ遅れ者の人命検索活動のため内部進入した特別救助隊員３名が、窓を破壊して進入後、間もなく急激な燃焼現象が発生し、火炎にあおられ、脱出時に受傷した。燃焼建物の人命検索活動を行わせる場合には、必ず一線を確保させる。

ウ　退路を確保した行動の徹底

　火点室内での活動の怖さは、フラッシュオーバーの発生や自己隊又は他隊の開口部の設定及び注水等による急激な火炎、黒煙等の拡大により、退路等を断たれることにある。

　退路の確保については、常に退路の確認と退路を見失わないようにホース伝い、ロープ活用等による脱出要領等の徹底を図らせておくことが重要である。

　火点室内での活動は、余裕をもった退避行動と、空気呼吸器、携帯警報器の警報鳴動時には機敏に反応して脱出等の措置を原則どおりに行えるように、平素の訓練

を通して確認し、徹底を図っておく必要がある。

消防活動中における携帯警報器の誤発報時に、即警報停止の措置が隊員一人ひとりに徹底されている隊は、中小隊長の緊急時等に備えた統率力が機能していると判断することができる。

2 人命検索活動の管理

(1) 火災中期の人命検索活動の管理

ア 人命検索活動範囲の絞込みを重点

火災中期の人命検索活動は、検索範囲の絞込みを重点とする。大隊長は、これまでの人命検索活動の結果や逃げ遅れ者情報の追跡確認の結果等から人命検索活動の重点箇所等を指示するなど、人命検索活動範囲の絞込みを行い、人命検索活動を管理する。

イ 逃げ遅れ者情報の追跡確認

延焼状況等により逃げ遅れ者の有無が確認できない場合には、人命検索活動と並行して情報担当(員)に避難未確認者の追跡確認を行わせる。

避難未確認者の追跡確認は、木造、防火造建物火災では火点建物を優先とし、共同住宅火災では火点室、火点直上室及び火点左右室等を優先して行わせ、追跡確認の結果を「○○号室、避難確認」「△△号室、追跡確認中」等と次々に指揮本部に報告させて、検索範囲の絞込みを行い、人命検索活動に反映させることが重要である。

なお、人命検索活動を完了した室等はその旨を周知し、情報共有を図るとともに、逃げ遅れ者の追跡確認リストから外すなどして重複確認を排除し、追跡確認の効率化を図らせる。

図4-1 共同住宅火災の人命検索活動及び逃げ遅れ者の追跡確認の例

201号室	202号室	203号室	204号室	205号室
家族より ○全員避難確認	検索完了 ○逃げ遅れ者なし	☆検索中 ☆追跡確認中 不　明	☆検索中 ☆追跡確認中 不　明	家族より ○全員避難確認
101号室	102号室	火103号室	104号室	105号室
検索完了 ○逃げ遅れ者なし	検索完了 ○逃げ遅れ者なし	☆検索中 ☆追跡確認中 不　明	☆検索中 ☆追跡確認中 不　明	家族より ○全員避難確認

(2) 火災後期の人命検索活動の管理
　ア　全員避難が確認できていないときの指揮対応
　　　火災後期の人命検索活動は、全員の避難が確認されるまで、逃げ遅れ者の再検索と避難未確認者の追跡確認の徹底が重点となる。逃げ遅れ者なしの判断は、人命検索活動の結果、逃げ遅れ者なしが確認された場合又は避難未確認者の追跡確認の結果、本人からの避難確認や火災当時に不在であったことが確認された場合等であり、全員の避難が確認されるまでは「逃げ遅れ者あり」との前提に立って、人命検索活動と避難未確認者の追跡確認を徹底させる。
　イ　火点室等の再検索と避難未確認者の追跡確認の徹底
　　　木造、防火造建物の全焼火災での火点室付近では、屋根、上階の床及び収容物等が焼け落ち、多くの堆積物等により人命検索活動がはかどらず、逃げ遅れ者なしの確認に長時間を要する場合が多く、鎮火後も避難未確認者が残ってしまう場合がある。
　　　避難未確認者がある場合には、人命検索活動と並行して避難未確認者の追跡確認を行うが、追跡確認の結果、本人が既に避難していた場合や、火災時に外出、旅行等で不在であったことが鎮火後等に確認された場合も多くある。
　　　また、ある現場では、追跡確認の結果、避難未確認者が火点室にいた可能性が高まったことから、再度火点室の検索を徹底して行った結果、覚知から十数時間後に逃げ遅れ者を発見した事例もある。避難未確認者がある場合には、人命検索活動に隊員の増強を図るなど、徹底した人命検索活動と避難未確認者の追跡確認を継続させることが重要である。

第2　逃げ遅れ者情報がある場合の人命検索活動の指揮

　現場到着時に、救助指定中隊長及び家族等からの逃げ遅れ者情報がある場合には、直ちに救助指定中隊等の人命検索活動の着手状況の確認と、人命検索、救助活動を重点とした活動方針を下命し、必要部隊の投入を行う。さらに、部隊の増強が必要と判断される場合には、時機を失することなく必要部隊の応援要請等を行い、早期に人命検索活動体制の確立を図らせる。
　逃げ遅れ者情報がある場合の人命検索、救助活動の指揮対応を円滑に行うには、**指揮対応モデル例２－２**をベースに、人命検索活動の指揮対応能力の向上を図っておく必要がある。

1 人命検索活動体制の早期確立

(1) 人命検索、救助活動への迅速な部隊投入

現場到着時に救助指定中隊長等から「中（火点室）で弟の声がした、と兄が言っている。」「妻が2階にいる。もう駄目だ、と夫が言っている。」等の具体的な逃げ遅れ者情報を聴取した場合には、直ちに「大隊長から出場各隊、○階に逃げ遅れ者あり、大隊長活動方針、○階の逃げ遅れ者の検索救助を最優先とする。」等の具体的な活動方針を下命するとともに、迅速な人命検索、救助活動に向けて、現場に在る特別救助隊、はしご隊、ポンプ隊等の必要な部隊を投入し、人命検索、救助活動体制の強化を図る。

特に、人命検索、救助活動への部隊の投入にあたっては、人命検索、救助活動の全体像をイメージして、隊ごとに具体的な任務を下命することが重要となる。

また、逃げ遅れ者情報には、逃げ遅れ場所が特定されていない場合、情報源が不明な場合及び逃げ遅れ者情報に曖昧さが残る場合等があるが、いずれも「逃げ遅れ者あり」との判断のもとに、火点室の人命検索活動を重点に行うとともに、指揮本部において逃げ遅れ場所の特定及び情報源の追跡確認を行う。

> **【逃げ遅れ者情報に基づき早期に人命救助した事例】**
> 救助指定中隊長は、現場到着時に玄関付近で興奮状態の家族が「奥の部屋におばあちゃんが逃げ遅れている。」と指差しているのを確認。指差の方向に逃げ遅れ者がいると判断し、手前の部屋から検索活動に着手して、逃げ遅れ者を発見し救助した事例がある。関係者から具体的な逃げ遅れ場所等の情報を引き出すことは、迅速な救出に大変重要である。

(2) 必要部隊の早期応援要請

逃げ遅れ者情報がある場合には、人命検索、救助活動への迅速な部隊の投入にあわせて、人命検索、救助活動及び救出後の救護、搬送等に必要な部隊の応援要請を判断する。

迅速に応援要請を行うためには、木造、防火造建物火災及び耐火造建物火災における人命検索、救助活動に必要な増強部隊等についてあらかじめ整理しておき、迅速に要請できるように備えておくことが重要である。また、周囲への延焼拡大危険が大き

い場合で、第一出場の部隊が人命検索活動に投入され、消火活動が手薄となるおそれがあると判断される場合には、早期の第二出場の応援要請を配意する。

2 人命検索、救助活動の指揮

(1) 指揮本部の統制下での人命検索、救助活動の徹底

具体的な逃げ遅れ者情報がある場合の人命検索、救助活動は、逃げ遅れ場所への屋内及び屋外からの着手、人命検索、救助活動の統制管理、救出時の救護、搬送体制の確保及び安全監視等、多くの部隊が任務を分担して活動することから、指揮本部の統制下での組織活動が強く求められる。

そのため、大隊長自身が人命検索、救助活動及び救出時の救護、搬送体制等の消防活動全体を掌握して、延焼状況の急変や逃げ遅れ者発見時の迅速な対応等に備えるとともに、指揮担当等に対して各隊長との人命検索、救助活動状況等の情報共有を図らせ、指揮本部を中心に活動隊相互の連携が図られるよう配意する。

(2) 迅速な人命検索、救助活動の管理

迅速な人命検索、救助活動の管理は、大隊長の重要な任務である。

どのような状況下においても迅速、確実に要救助者を救出できるように、平素から人命検索、救助活動等の統括指揮能力の向上を図っておく必要がある。

また、大隊長には、迅速な救出に向けて、現場の出張所長及び消防司令を人命検索、救助活動の局面指揮者に指定して、自身は全体の消防活動及び指揮本部運営等を重点とした統括指揮にあたる判断も必要となる。

Point 4-5　火災時の救出方法

項　目	救　出　方　法
1　平面、階段	かかえ救出、背負い救出
2　三連はしご等活用	① かかえ救出、背負い救出 ② 応急はしご救出
3　はしご車活用	① バスケット、徒手 ② 緩降機併用救出、単はしご併用救出、ワイヤーはしご救出

(3) 逃げ遅れ場所不明時の人命検索活動の管理

逃げ遅れ者情報があっても逃げ遅れ場所が不明な場合には、火点室を重点に屋内及び屋外から人命検索、救助活動に着手させるとともに、関係者から逃げ遅れ場所及び部屋、廊下等の間取りの聴取等を行い、隊ごとに人命検索活動場所を指定し、迅速に人命検索活動が行えるように配意する。

人命検索活動の指揮にあたっては、「逃げ遅れ者発見」の報告を受けた場合に、直

ちに救出、救護に着手できるように、救出活動の支援隊及び救護、搬送等の即応態勢を確保しておくことが重要である。

第3 救助活動の指揮（ベランダ、窓等に逃げ遅れ者）

　現場到着時に、ベランダ、窓等から救助を求めている救助事案に直面した場合には、瞬時に状況を判断して、救助に必要な具体的な対応、措置等を次々と下命し、総力を挙げて迅速に救出する。

　要救助者救助の指揮対応を円滑に行うには、**指揮対応モデル例2－1**をベースに、どのような救助事象に直面しても迅速な救出を行えるように、指揮対応能力の向上を図っておく必要がある。

1 救助活動に部隊を集中

(1) **要救助者への危険の切迫性の確認と部隊の投入**

　火点室のベランダ、窓等から救助を求めている場合には、直ちに火炎等による要救助者への危険の切迫性と他の逃げ遅れ者の有無、人数、場所等を確認し、要救助者への援護注水や他の逃げ遅れ者の救助に向けた活動方針、具体的な対応、措置等を下命するとともに、迅速な救助に必要な部隊を直ちに投入する。

(2) **迅速な救助手段の判断**

　救助にあたっては、救助指定中隊、特別救助隊、はしご隊及びポンプ隊等の活動状況を確認するとともに、はしご車、三連はしご及び単はしご等の活用による救助手段を迅速に判断して行わせる。

　はしご車又は三連はしご等の活用による救助が可能な場合には、いか

に安全かつ迅速に救出するかが救助活動のポイントとなるが、要救助者への直接のア

プローチが困難な場合には、火点室の隣室のベランダ、避難ハッチの活用及び上階、下階、屋上等からの単はしご、ロープの活用等、あらゆる救出方法の中から迅速かつ安全に救出が可能な手段を判断して着手させることが重要である。

2　救助活動体制の早期確立

(1)　必要部隊の早期応援要請

要救助者が窓等から助けを求めている場合には、直ちに救助手段を判断して救助活動に着手させるとともに、はしご隊、特別救助隊、救急隊及び指揮隊（情報、応援）等の部隊の増強が必要な場合には、直ちに必要部隊の応援要請を行う。

(2)　救助指揮体制の早期確立

救助活動には、多くの隊が従事することから、早期に救助の指揮体制を確立して、救助活動が迅速かつ円滑に行えるよう配意する。救助指揮体制の確立にあたっては、現場にいる出張所長、消防司令及び応援指揮隊長等を局面指揮者に指定し、救助指揮体制の早期確立を図る。

局面指揮を下命した場合には、局面指揮者のもとで効率的な救助活動が展開できるように指揮本部運営を配意するとともに、局面指揮者に対しては指揮本部への報告の徹底を図らせる。

(3)　要救助者の安全確保と迅速な救助

救助方法の決定等にあたっては、必ずしも装備の活用を前提とせず、建物の階段等が使用できる場合には階段等を使用させるなど、最も安全、確実、迅速な救助方法を選択させる。特に、要救助者に切迫した危険がある場合及び緊急を要する場合には、要救助者及び隊員の転落、落下等の事故防止に十分注意させるとともに、安全管理隊の隊員を配置して、救助活動の安全確保を徹底させる必要がある。

また、救助活動にあたっては、要救助者を救出後、直ちに救護、搬送等を行えるように、救出活動と並行して救護、搬送体制を取らせておく。

なお、多数の傷者等がいる場合の指揮対応については、現場救護所の設置及び救急救護体制の強化並びに救助救急活動に係る救急特別出場等、必要な部隊の要請、救急指揮所の設置、救急指揮所担当指揮隊の指定等について、あらかじめ確認しておくことが大切である。

第4章　人命検索、救助及び消火活動の統括指揮

第2節 消火活動の統括指揮

　消火活動の統括指揮は、延焼状況及び救助指定中隊、先着隊の消火活動状況から、筒先の未配備建物、不足箇所を把握して、迅速に筒先及び警戒筒先を配備させ、早期に筒先包囲を図ることである。

第1　木造、防火造建物火災の消火活動の統括指揮

　木造、防火造火災の消火活動の指揮は、現場到着直後に火災態様を迅速に判断して、指揮対応を行う。現場到着直後の火災態様は、①即鎮圧火災、②火点建物以外に延焼拡大危険がない火災、③火点建物から周囲の建物に延焼拡大危険がある火災、④既に周囲の複数棟に延焼拡大している火災、⑤隣接耐火造建物への延焼拡大危険のある場合に分けることができる。
　これらの火災態様をベースに、消火活動の統括指揮能力の向上を図っておく必要がある。

1　即鎮圧火災の指揮

(1)　消火活動隊の指定

　現場到着時に、火炎、黒煙等の噴出はなく、先着している救助指定中隊長からの報告及び火災の状況から即鎮圧できる火災と判断した場合には、既にホース延長し、筒先配備を完了している救助指定中隊等を消火活動隊（筒先及び警戒筒先）に指定し、指定隊以外の隊に現場待機を下命する。

(2)　消火活動隊以外の隊の現場引揚げ

　火災鎮圧を確認したときには、出場部隊の縮小を速やかに行う。救助指定中隊等を消火活動隊（残火処理隊）に指定し、鎮圧報告に前後して活動隊以外の隊の現場引揚げを下命する。

(3)　残火確認

　即鎮圧火災で特に注意しなければならないのが、残火の確認である。出火場所が、天井裏、壁間、押入れ等の外見上鎮火の確認が困難な部分の場合には、残火の確認を確実に行わせないと再出火するおそれがあるので、残火確認の徹底を図る。

> **【即鎮圧火災でホース撤収後に火炎を確認した事例】**
> 　防火造2階建て共同住宅2階の住戸の火災で、床上の雑巾が粉末消火器により消火されているのを確認し、直ちに延長ホースの撤収と待機隊の引揚げを下命した。その直後に、火点室の下階から「押入れの天井裏に火炎あり」との指揮担当の叫び声があった。あわてて雑巾を除くと、十円玉くらいに焼け抜けた床穴から火炎が見えたので、直ちにホースの再延長を下命して消火した。

2　周囲建物に延焼拡大危険がない場合の消火活動の指揮

(1)　火点建物への迅速な筒先配備

　現場到着後の火点一巡時に、火点建物から火炎、黒煙等が噴出し、延焼中であるが、周囲建物に延焼拡大危険がないと判断される場合には、救助指定中隊及び先着隊の筒先配備状況を確認し、火点建物内の筒先配備の優先順位に基づいて、筒先及び警戒筒先を配備させる。

　火点建物内の筒先配備は、火点上階、火点階の順とし、屋内進入は建物の燃えていない部分（玄関、屋内階段及び開口部）からの進入が基本である。実際には、救助指定中隊が人命検索活動のために火点室に真っ先に進入するため、救助指定中隊の活動状況を踏まえて、先着隊及び後着隊の筒先を迅速に配備させることがポイントである。

(2)　消火効果の判断と部隊の縮小

　筒先配備後、消火効果を確認して、延焼防止見込み及び延焼防止を下命する。延焼防止以降は残火処理隊等指定隊以外の隊の現場引揚げを下命し、出場部隊の縮小を行う。

(3)　残火の確認

　火災の程度が部分焼及び半焼以上と判断される場合には、外見上鎮火の確認が困難な部分及び火種が残りやすい部分等残火処理上の着眼場所を念頭に置いて、残火確認を確実に行う。

3　周囲建物に延焼拡大危険がある場合の消火活動の指揮

(1)　延焼拡大危険のある周囲建物への筒先配備

　火点建物から周囲の建物に延焼拡大危険がある場合には、延焼拡大危険のある建物に、迅速に後着隊の筒先配備を下命し、延焼を阻止する。

　延焼拡大危険のある建物への延焼阻止には、延焼拡大危険のある建物に進入する直前に、火点建物と延焼拡大危険のある建物との間に筒先を配備して、延焼拡大危険のある建物の壁体、軒裏等への注水と火点建物の噴出火炎等を押さえるための注水を行

わせるなど、予備注水を行わせてから筒先を屋内進入させることが基本である。周囲建物への延焼阻止の下命時には予備注水を徹底させ、既に建物内に火が入っていると判断される場合には直ちに屋内進入を下命し、必要により天井、壁等を破壊し、壁間への注水についても配意する。

Point 4-6　火災の防ぎょの一般原則

① 周囲建物への延焼阻止に主眼を置く。
② 先着隊は、延焼拡大危険の最も大きい面を担当する。
③ 後着隊は、筒先の不足している面に進入する。

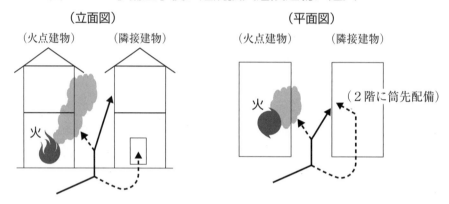

図4-2　予備注水後に延焼拡大危険建物に進入

(2) 警戒筒先の配備

　警戒筒先は、火点建物と隣棟との距離及び先着隊の筒先配備状況等から判断して、延焼のおそれが大なる建物から優先して配備させる。火点建物からの噴出火炎の先に隣棟建物の開口部がある場合には、外壁に比べて延焼スピードが非常に速いので、速やかに隣棟建物内部の開口部周辺の可燃物の除去や警戒筒先の配備を下命する。

　なお、警戒筒先は水を乗せておくのが基本であり、警戒時及び撤収時の水損防止に十分配意させる。

4　複数棟に延焼拡大している場合の消火活動の指揮

(1) 延焼状況及び筒先未配備建物等の把握

　複数棟に延焼拡大している場合の消火活動の統括指揮のポイントは、延焼状況及び先着隊の筒先配備状況を把握して、筒先の未配備建物、不足箇所に迅速に後着隊の筒先の配備を下命し、早期に筒先包囲を完了させることである。

　延焼火災の経験が少ないと、火点一巡時には、「延焼状況、先着隊の筒先配備状況及び筒先未配備建物等の把握」と頭では理解していても、何棟延焼していたのか、先

着隊の筒先配備状況及び筒先の未配備建物等の状況を断片的にしか把握できずに、火点を二巡、三巡する場合もある。

これらは、延焼火災の経験を積むことによって、火点一巡時のわずかな時間の中で、延焼状況、先着隊の筒先配備状況及び筒先の未配備建物等の状況が見え、脳裏に残るようになるので、実態把握の「コツ」を身に付ける取組が求められる。

また、類焼建物番号（火点建物、②建物、③建物…等）を決定した場合には、その旨を該当建物で活動中の中小隊長に速やかに周知するものとする。

Point 4－7　筒先配備の優先順位等

項　目	筒先配備の順位
筒先配備の基本	①　先着隊は、延焼拡大危険の最も大きい面を担当 ②　後着隊は、筒先の不足している面に進入 ③　風向、建物配置等を考慮に入れて優先順位を決定
ブロック角火災	側面とし、延焼拡大危険の大きい側面を優先する。 （火面長の大きい側面は、輻射熱による延焼拡大危険が大きい。）
ブロック面火災	①　背面、側面、側面の順が原則で、側面は延焼拡大危険の大きい側面を優先して配備する。 ②　ポイントは、隣接建物への延焼拡大危険の大きさや後着隊の筒先配備の困難性等を判断して配備することである。
ブロック内火災	①　延焼拡大危険の大きい面を優先させ、順次筒先を配備する。 ②　ポイントは、四方への延焼拡大危険の有無、火面長の長さや風向き、隣棟との間隔、隣棟の高さ、開口部の有無等を判断して配備することである。
風が強い場合	風下、風横の順に配備する。

(2)　**先着隊等への筒先配備の下命**

先着隊は、到着順位、部署位置（方位、火点からの距離等）等から自己隊の活動建物を判断して消火活動を行うが、街区、通路、敷地、塀等の状況によっては、延焼拡大危険が大なる場所に筒先を配備できなかったり、配備が遅れたりする場合もある。

また、一度配備された筒先は、より延焼拡大危険の大きい場所及び消火効果の高い場所に転戦させようとしてもそれが困難であったり、新線の延長には時間を要するなどの場合もある。

大隊長は、先着隊の筒先配備、筒先転戦及び新線の延長の困難性等を踏まえつつ、延焼拡大危険の大きい場所への筒先配備が迅速に行えるように、先着隊に筒先配備を下命するとともに、活動中の隊に対して筒先の転戦又は新線の延長を下命して、効果

的に筒先配備を行う。

　火災初期は、一秒でも早い筒先配備が効果的である。「巧遅は拙速に如かず」のとおり、迅速な筒先配備を心掛ける。

　なお、筒先配備を下命しても、適切に行われていない場合もあるので、大隊長は、受命隊の筒先配備状況を確認し、下命内容の実効性の確保に努めるものとする。

(3) 早期の筒先包囲体制の確立

　ア　後着隊等への筒先配備の下命

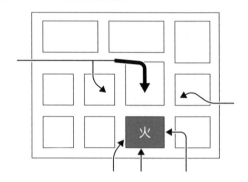

図4-3　筒先配備の下命（太線の矢印）

　　後着隊の任務は、筒先の不足している面に迅速に筒先配備を行うことである。大隊長は、早期の筒先包囲体制の確立を念頭に置いて、後着隊に筒先の未配備建物、不足箇所への迅速な筒先配備を下命する。

　　このためには、延焼状況及び筒先配備状況等をその都度、現場指揮板に反映（記載）し、消火活動の効果と筒先の未配備建物、不足箇所を常に把握できるようにしておくことが大切である。

　　また、複数棟に延焼拡大し、更に周辺建物に延焼拡大している火災の場合には、圧倒的に筒先が不足するので、消防団員の活用を含め、一口でも多い筒先配備を行わせ、早期の筒先包囲を図ることが重要である。

　イ　第二出場隊への筒先配備の下命

　　第二出場応援要請時には、早期の筒先包囲に向けて、次々と現場到着する第二出場隊の筒先を筒先の未配備建物、不足箇所に迅速に配備させる必要がある。大隊長は、第二出場隊が現場到着するまでの間に、第二出場隊の筒先配備先及び応援指揮隊への任務付与等について、指揮担当等と具体的なすり合わせを行い、第二出場隊が現場到着時に、迅速に筒先配備等の下命を行えるようにしておくことが大変重要である。

5　隣接耐火造建物への延焼阻止の指揮

(1) 隣接耐火造建物への延焼拡大危険の把握

　木造、防火造建物火災で、隣接する耐火造建物に延焼すると、消防活動は二つの火災対応を余儀なくされ、消防力の不足等により火災被害の拡大につながるおそれがある。特に、隣接耐火造建物への延焼阻止は、大隊長自身が延焼拡大危険に早く気づくことが大変重要である。

隣接耐火造建物への延焼拡大危険がある場合には、直ちに情報担当（員）に対して外観からの延焼拡大危険の把握及び関係者（マスターキー）等の早期確保による内部からの延焼拡大危険の把握を下命し、確認結果を迅速に指揮本部に報告するよう徹底する。

(2) **延焼拡大危険の排除等**

隣接耐火造建物への延焼拡大危険の排除には、火元建物の火勢制圧と耐火造建物側の窓、換気口等への延焼阻止及び建物内の延焼媒体となる可燃物の除去等を行わせるが、延焼拡大危険箇所の換気扇を確認できなかったために筒先配備が遅れ、延焼した事例もあるので、延焼拡大危険箇所の確認時には換気口等の外壁開口部を見落とさないように注意する。

Point 4-8　隣接耐火造建物への延焼拡大危険把握時のポイント

① 建物内の延焼拡大危険把握は、窓、シャッター、換気扇等延焼経路となる外壁開口部、開口部に接する可燃物、自動火災報知設備の作動状況等を重点に確認させる。
② 延焼状況の確認にあたっては、窓等の受熱状況、シャッターの開放又は破壊等による内部状況の確認のほか、床、壁、天井、ダクト等を素手で触り、必要により赤外線カメラの活用を指示するなどして、潜在火源の確認に配意する。

(3) **警戒体制の確立**

隣接耐火造建物への延焼阻止の警戒は、延焼拡大危険箇所への警戒筒先の早期配備と、建物内に火が入った（延焼した）場合の即応態勢の確保並びに警戒状況の指揮本部への適時の報告を徹底させることがポイントである。

Point 4-9　隣接耐火造建物への延焼阻止の指揮ポイント

指揮項目	指揮ポイント
1　延焼拡大危険の把握	① 外壁開口部及び開口部に接する可燃物の確認 ② 不在室の開放による確認 ③ 自動火災報知設備等による確認
2　延焼拡大危険の排除	① 予備注水の実施 ② 建物内の延焼媒体となる可燃物の除去 ③ 防火戸等の閉鎖
3　活動体制の確立	① 警戒筒先の配備 ② 投光器、破壊器具等必要資器材の準備 ③ 屋内消火栓等の活用

第2　耐火造建物火災の消火活動の統括指揮

耐火造建物火災では、現場到着時に臭気や薄煙はあるが火点が確認できない場合と、火点室等の開口部から火炎、黒煙等が噴出している延焼火災の場合とに大きく分けられる。火点等が確認できない場合には、火災及びダクト火災等を念頭に火点検索を指揮し、また、延焼火災の場合には、火点建物の用途特性等を踏まえて、屋内及び屋外の両面からの迅速な筒先配備と水損防止を重点に、消火活動を統括指揮する（第2章、第2節、第3、4「(3)　延焼拡大危険（耐火造）の態様と指揮対応」参照）。

1　火点が不明な場合の指揮

(1)　火点階の推定

大規模な耐火造建物等で、現場到着時に火点が確認できない場合には、最先到着中隊長及び関係者等から状況を確認するとともに、自動火災報知設備の感知器及び防火設備（防火戸、防火ダンパー等）等の作動状況、作動範囲を確認（聴取）して火点階、場所を推定する。

なお、薄煙等が確認できる場合には、煙の滞留する階及びその下階を火点検索の重点箇所とする。

(2)　火点検索班の編成及び検索範囲の絞込み

火点検索は、火点階、場所の推定を基に検索班を編成して実施させる。火点検索を円滑に行わせるには、火点検索の状況が刻々と指揮本部に報告され、効率よく検索の範囲の絞込みを行えることが重要である。

大隊長は、検索班長等に対して火点検索の状況を逐次、指揮本部に報告するよう徹底するとともに、指揮担当に対して指揮本部で把握した火点検索の実施状況、範囲等について積極的に情報共有を図らせ、火点検索範囲の絞込みが円滑に行われるように配意する。

Point 4−10　火点検索の要領

> ①　パイプシャフト、ダクトスペース、天井裏等を点検して、煙の濃い方に又は煙の流れに逆行して検索する。
> ②　屋上又は各階等の空調排気口から噴煙している場合には、ダクト火災と判断して、ダクト系統を検索する。
> ③　火点が見えないときは、床、壁、ダクト等を素手で触り、温度の高低に配意して確認させる。
> ④　関係者から工事、火気の使用について確認するとともに、赤外線カメラの活用を配意する。

(3)　**火災時の即応態勢の確保**

　　火点検索活動の指揮にあたっては、火災確認時に火点検索班による消火器、屋内消火栓等を活用した臨機の消火や、待機隊が直ちに消火活動に入れるように、部隊の即応態勢の確保を各中小隊長に徹底しておく。特に、火点等が不明なときには、出場各隊の行動、統制が乱れるおそれがあるので、指揮本部から火点検索活動の状況等を各中小隊長に積極的に知らせ、情報共有を図るとともに、待機中の隊員がポンプ車から離れることのないよう、活動準備、車内待機等、隊員の行動を強く統制するよう徹底しておく。

(4)　**火災確認時の消火活動の指揮**

　　火点検索班等から火災確認の報告を受けた場合には、直ちに鎮圧火災か、延焼火災かを確認して、状況を部隊に周知するとともに、警防本部に報告させる。延焼火災の場合には、所要の隊を指定して直ちに消火活動を下命する。

2　ダクト火災時の消火活動の指揮

(1)　**出火箇所と火煙噴出箇所、範囲の早期確認**

　　現場到着時に火点が確認できず、火点検索の結果、複数階での煙の確認、自動火災報知設備感知器の複数階での作動、ダクトダンパーの作動等を確認した場合には、ダクト火災と判断（推定）し、迅速に出火箇所（階）の検索を行う。

　　出火箇所の確認にあたっては、ダクトダンパーの作動階、感知器作動階の最下階、煙を確認した階及びその下階等を優先して確認する。ダクトの延焼経路の確認にあたっては、防災センター要員等の積極的な活用を図るとともに、ダクト等を素手で触って延焼箇所の確認を行わせ、ダクトの小破壊等を行う必要がある場合には、関係者を立ち会わせて行わせるものとする。

(2) **消火活動の管理**

　　ダクト火災と判断された場合には、空調設備の停止を確認するとともに、ダクト系統図等を基に各隊の担当階、担当箇所等を指定して、速やかに筒先及び警戒筒先を配備させる。筒先配備にあたっては、連結送水管、はしご車及び非常用エレベーター等を活用し、迅速に行わせる。

　　また、消火隊、警戒隊及びはしご隊等が不足すると判断される場合には、速やかに必要な部隊の応援要請を配意する。

　　消火活動の管理にあたっては、火炎、黒煙等の急激な拡大による活動隊への影響を常に念頭に置き、万一の場合に備え、活動隊のはしご車による緊急脱出等も考慮に入れて、消火活動を管理する。

(3) **指揮本部による部隊活動の統制**

　　ダクト火災時には、直ちにその旨を部隊に周知し、警防本部に報告させるとともに、各階の責任者(中小隊長)を指定して、指揮本部(防災センター)との連絡にあたらせる。指揮担当に対しては、各階の責任者との指揮・連絡ルートを迅速に確保させて、火災及び活動状況等の情報共有を図らせ、指揮本部の統制下で情報活動、消火活動等が円滑に行われるよう配意させる。

3　延焼火災時の消火活動の指揮

(1) **火点室への進入ルートの早期確保**

　　耐火造建物火災で延焼中の場合には、屋内、屋外からの進入の困難性等を判断して、迅速に火点室への筒先配備を行わせる必要がある。

　　大隊長は、現場到着時に階段室内の濃煙熱気の状況及び救助指定中隊等の活動状況から、屋内階段からの進入の困難性を迅速に判断し、困難性が高い場合には、屋外階段、はしご車及び積載はしご等の活用による屋外からの進入ルートを確保して、屋内、屋外から火点室への迅速な筒先配備を行わせる。

　　濃煙熱気等が充満する屋内階段以外に火点室への進入ルートがない場合には、その旨を部隊に周知するとともに、空気ボンベの集積、交替要員の確保等進入態勢を整えて、屋内階段からの火点室への進入経路を確保させる。

(2) **火点室の消火活動の管理**

　ア　火点室への進入及び注水の統制

　　　火点室の消火活動は、救助指定中隊による火勢制圧状況を確認し、更に筒先が必要な場合には筒先を増強させる。

　　　火点室への筒先配備にあたっては、既に火点室に進入している隊がある場合には、その隊の進入した側を進入口(吸気側)とし、また、火点室に進入している隊がな

い場合には、屋内、屋外のいずれか早く筒先が進入した側を進入口（吸気側）と指定して、その旨を速やかに部隊に周知し、反対側からの進入、注水を強く統制する。

　屋外からの進入筒先を進入口とした場合には、火点室の入口扉の開閉状況等により火煙を廊下等に押し込むことになるので、屋内からの進入隊への影響を十分に配意する。この場合、屋内からの進入隊による火点室への注水が可能となった時点で、屋外からの注水を停止させ、屋内側を進入口（吸気側）に、屋外側を排煙側に切り替えさせる。

Point 4-11　マンション等火災時の筒先配備の判断

① 　火勢制圧は、火点室に二つ以上の開口部を確保し、一方は吸気側、もう一方は排気側とする。マンション等の場合には、一般に火点室の玄関側からの進入が早く、玄関側を吸気側とするが、階段室、廊下等に濃煙熱気が充満している場合には、屋内からの筒先配備が遅れ、ベランダ側からの筒先配備が早くなる場合がある。このような場合には、玄関ドアの開閉状況によっては、火点室から廊下等に火煙を押し込むことになるので、屋内進入隊への影響を十分に配意する。
② 　玄関側からの注水開始の判断として、火点室のベランダ側開口部等から火炎、黒煙等が噴出している状況の場合には、まだ玄関側からの注水がないと判断する。また、ベランダ側開口部等から黒煙に混じって灰色の煙等が勢いよく噴出している場合には、屋内から注水が開始されたと判断する。

イ　連結散水設備活用時の留意点

　地下室火災で、連結散水設備を活用する機会は極めてまれで、中小隊長、機関員も初めての対応となることを十分に意識して活用させる。

　連結散水設備は、火災区域を誤って送水すると水損につながることから、活用にあたっては、延焼状況と消防隊の活動状況、収容物の状況及び散水ヘッドの状況（開放型、閉鎖型）並びに関係者からの聴取結果等から総合的に判断して決定する。

　送水口が複数ある場合には、送水時に火災区画を誤らせないことがポイントである。大隊長は、送水隊長に対して、送水口と火災区画（警戒区域）を確認させ、また、送水時にはいつでも送水停止ができるように、火災室、他の警戒区域と機関員（送水口）との連絡体制を整えさせてから送水を行わせるなどの配意が求められる。

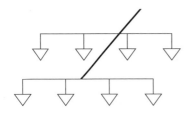

図4-4　開放型のヘッド

（送水時、区画内の全ヘッドから散水）

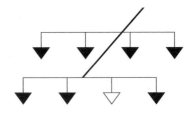

図4-5　閉鎖型のヘッド

（送水時、区画内の開放ヘッドのみ散水）

(3) 警戒筒先の配備

ア　警戒筒先は、火点直上階、火点室の左右室を優先

　　耐火造建物火災の場合には、スラブの埋め戻し不十分の部分や、パイプスペース等のたて穴系統及び外部から窓等の開口部、ベランダの可燃物等を介して上階に延焼する危険性があり、警戒筒先は、延焼拡大危険が大きい火点室直上階（室）及び火点室の左右室の順に配備させる。共同住宅（耐火造）の火災では、火点室直上階の床下のスラブ埋め戻し不完全により、上階住戸の押入れに延焼（ぼや）した事例があるので注意する。

　　警戒筒先の配備は、先着隊の筒先及び警戒筒先の配備状況、屋外への火煙噴出状況及び屋内の延焼状況等を確認して配備させるとともに、警戒時には薄煙、におい等の兆候を見逃さぬよう十分注意させる。

イ　延焼拡大危険箇所への警戒筒先の配備

　　警戒筒先は、延焼経路となりやすいたて穴系統及びよこ穴系統並びにベランダ等を迅速に確認して配備させる。警戒筒先配備の下命にあたっては、延焼拡大危険のある具体的な場所等を指定し、余裕ホースを十分に取らせて配備させるとともに、警戒する中小隊長に対して、指揮本部への警戒状況の定期報告及び火災時の即応態勢の維持等について徹底を図っておく。

Point 4-12　主な延焼拡大危険経路部分

区　分	延焼拡大危険箇所・経路
1　たて穴系統	① 階段の防火戸（閉鎖障害等） ② 複数階の吹き抜け ③ ダクトスペース、パイプシャフトの床貫通部 　　厨房、浴室、便所、台所等配水管の床貫通部 ④ エレベーター、エスカレーター、ダムウェーター等 ⑤ 床スラブとカーテンウォールの接合部 ⑥ ダストシュート、エアーシュート、リネンシュート部

2 よこ穴系統	① ダクト又はパイプ等の防火区画貫通部 ② 防火シャッターの天井裏区画 ③ 界壁（間仕切壁）の天井裏区画
3 建物外部	火点室上階のバルコニー及び窓等の開口部

　ウ　警戒状況の把握と退路の確保

　　警戒状況の把握にあたっては、指揮担当に警戒隊の中小隊長から警戒状況の報告を積極的に取らせるとともに、必要により大隊長自ら警戒場所等を確認して把握する。また、指揮本部で把握した延焼状況、消火及び警戒活動等の状況については、積極的に情報共有を図らせるとともに、火炎、黒煙等の急激な拡大により、警戒隊員が退路を絶たれることのないように、脱出準備や複数の退路を考慮した警戒活動を徹底させる。

Point 4－13　警戒活動状況のチェックポイント

① 延焼拡大危険箇所に警戒筒先を配備しているか。また、警戒部署を任意に離れていないか。
② 警戒筒先は水を乗せ、筒先側に十分な余裕ホースを確保しているか。
③ 警戒活動の状況を定期に指揮本部に報告しているか。
④ 上階のベランダの可燃物の除去、窓際のカーテン、ブラインド、家具等の除去等について配意しているか。

(4) 水損防止活動の指揮

　ア　注水統制と消火水の影響の監視

　　水損防止は、筒先担当による注水量の抑制が不可欠である。消火活動の指揮にあたっては、必要により筒先保持者への注水抑制の徹底を指示するとともに、消火活動と並行して、情報担当（員）に消火水による影響等を把握させる。

　　消火水の影響は、廊下、階段及び床、壁の配管貫通部等から火点室直下の室、火点室の左右室、更には火点室の数階下の階にも漏水することがあるので、注意して漏水箇所を確認させる。

　　また、水損のおそれがある場合及び漏水、水損等を確認した場合には、直ちに必要な水損防止措置を行わせるが、火点室下階にサーバ室等がある場合には、わずかな漏水により機器が損傷し、システム・ダウンとなることを念頭に置き、関係者に消火水による影響を確認させるとともに、漏水検知設備がある場合には作動状況等を監視させ、必要により消火活動に先行し、又は並行して水損防止の措置等を行わせる。

Point 4−14　サーバ室等の水損防止の指揮ポイント

項　目	内　容
1　水損防止の基本	消火に先行し、又は並行して水損防止の措置等を実施
2　水損の監視	①　天井裏、たて穴等の確認 ②　関係者の活用 ③　漏水検知器等の作動確認
3　水損発見時	指揮本部への報告の徹底
4　水損防止措置	施設の水損防止機器及び関係者等の活用

イ　水損防止措置

　　水損等が発生している場合には、速やかに水損防止措置を行わせる。消火水による影響が広範に及んでいる場合には、水損防止隊を増強して水損防止にあたらせるとともに、各隊の防水シートを指揮本部に集積させ、更に防水シートが不足する場合には応援要請を行う。

　　水損防止にあたっては、防水シート、残水処理機、吸水性ゲル水のう等の活用のほか、施設の水損防止機器等の有効活用を考慮するとともに、施設関係者の積極的な活用と滞留水の排水方法の決定等、効果的な水損防止措置を行わせる。特に、火点階では、火点室、廊下等の消火水を屋外及びベランダ等に速やかに排出させることが大切であり、早期に排水用具（チリトリ、バケツ等）を確保させることが水損防止の指揮対応のポイントである。

(5)　**消火活動中の連結送水管使用不能時の対応**

　　連結送水管は、配管接続部の離脱や腐食部分からの漏水等により、まれに消火活動中に使用不能となる場合がある。このような場合には、冷静かつ臨機の対応が求められる。まず、その旨を直ちに車載拡声器等を活用して活動隊に周知するとともに、火点階に急行して、火点室からの隊員の一時退避、消火器、屋内消火栓等を活用した消火活動及び新たなホース延長による消火活動を指示する。また、連結送水管からの漏水による影響の確認と水損防止の措置を指示する。

第3　残火処理活動の統括指揮

　残火処理活動の指揮にあたっては、「常に再出火の危険性がある。」との前提に立って残火処理基準の徹底を図らせるとともに、鎮火後の消防隊による監視警戒をも含めて、再出火防止の徹底を図らせることが重要である。また、残火処理活動時には、隊員の受傷事故防止に十分配意し、残火処理活動を管理する。

Point 4−15　残火処理活動の指揮の着眼点等

着眼点		指示・下命事項
1　効率的な残火処理	(1) 残火処理体制の確立	担当面の任務分担を指示
	(2) 残火処理活動の統制	高所、周囲より実施を指示
2　再出火防止	(1) 残火処理基準の徹底	① 残火潜在ポイントを指示 ② 関係者の立会いを指示
	(2) 継続的な確認	監視警戒等を指示
3　事故防止	(1) 安全管理の徹底	① 焼損状況等の事前把握 ② 危険箇所の事前確認
	(2) 安全監視体制の確立	① 継続的な危険監視 ② 危険要因の事前排除を下命

1　効果的な残火処理

(1) 残火処理体制の確立

　残火処理への移行時には、あらかじめ火点を一巡して、残火処理に必要な隊数、担当棟、階等の任務分担及び活動（作業）危険箇所等を確認してから行うと、残火処理隊の指定や担当範囲の指定等、残火処理体制の速やかな確立と事故防止の徹底を図ることができる。

　なお、残火処理に複数の隊を指定した場合には、棟又は階の残火処理活動を管理させる隊長（責任者）を指定して、残火処理活動の指揮や指揮本部との連絡にあたらせるものとする。

(2) 残火処理活動の管理

残火処理を効果的に行わせるには、残火処理の原則に沿って、上階より下階、高所より低所、周囲より中央部へと行うように、残火処理活動を統制、管理する。大隊長は、残火処理の状況について、まだくすぶっている箇所はないか、残火処理が残火処理基準に沿って行われているかを随時確認して、常に再出火防止を念頭に置いて、残火処理活動を管理する。

2 再出火防止等

(1) 再出火防止

残火処理基準では、小火、部分焼等の火災建物の場合には、外見上鎮火の確認が困難な部分及び消火確認が困難なものの残火処理上の着眼場所と点検要領が示されており、また、半焼以上の建物火災の場合には、火種が残りやすい部分の残火処理上の着眼場所と点検要領が示されている。

再出火防止にあたっては、残火潜在ポイント（着眼場所）を把握して、残火の潜在箇所に応じた残火処理を徹底させることが重要であり、大隊長自身が着眼場所に応じた残火処理活動を適切に指揮し、管理できるように、能力向上を図っておくことが大切である。

図4-6　残火処理上の着眼場所

【ぼや、部分焼等の火災建物】

［外見上鎮火の確認が困難な部分］
① 小屋裏、天井裏、床下
② 押入れ（天袋を含む。）、戸袋
③ モルタル壁等の二重壁内
④ 瓦下地、畳の合わせ目
⑤ 厨房等の火気施設周囲の鉄板張内装裏面
⑥ ダクト、パイプスペース等のたて穴

［消火確認が困難なもの］
① 布団、マット、繊維類
② 紙、木材、木くずの類

【半焼以上の延焼建物】

［火種が残りやすい部分］
① モルタル壁等の二重壁内
② 柱、梁、合掌等のほぞ部分
③ 焼き堆積物（消火活動が困難なもの）
④ 強い放射熱を受けた隣接建物
⑤ 風下建築物の飛火危険箇所

(2) 残火処理上の着眼場所に応じた点検要領の徹底

ア　小屋裏、天井裏、床下及びダクト、パイプスペース等のたて穴

小屋裏、天井裏等の点検要領は、軒裏、屋根等からの煙の状況の確認とあわせて、点検口（押入れの天井部分）等から小屋裏、天井裏等の内部を視認し、また、天井、床、ダクト等の一部を破壊して確認させる。これらの場所は、残火を認める場合が多いので、局所破壊と注水を併用して、掘り起こし、切り崩し等を徹底させる。

イ　モルタル壁等の二重壁内及び厨房等の火気施設周囲の鉄板張内装裏面
　　　　モルタル壁等及び厨房等の火気施設周囲の鉄板張内装裏面は、注水が浸透しにくいため、壁間、屋根裏、天井等に残火が生じやすい特徴がある。これらの部分の点検を行う場合には、変色部分の表面を素手で触れて温度を確かめるほか、外壁、内装面の乾き具合及び小屋裏を点検して、残火、煙の有無を視認し、必要により二重壁及び鉄板張内装の一部を破壊して確認する（破壊は、関係者の承諾を得て、必要最小限の範囲で実施する。）。
　　ウ　押入れ（天袋を含む。）、戸袋
　　　　押入れ等の点検要領は、内部を視認して火気及び煙の有無を確認させるが、煙等の確認にあたっては、光源の強いライトを活用すると煙等を容易に確認できるので、活用させる。また、これらの場所は、残火を認める場合が多いので、局所破壊と注水を併用して行わせる。
　　エ　瓦下地、畳の合わせ目
　　　　瓦下地、畳の合わせ目の点検要領は、外部から視認して火気及び煙の有無を確認させる。
　　オ　布団、マット、繊維、紙、木材、木くずの類
　　　　布団、マット等の点検要領は、水切れとともに深部に残った火種の延焼力が強まり、再出火の危険性があるので、水浸し状態であっても屋外の安全な場所に搬出させ、完全に消火されていることを確認させる。
　　カ　半焼以上の延焼建物で火種が残りやすい部分
　　　　火種が残りやすい部分の点検要領は、前ア～オに準じて行わせる。
(3)　**赤外線カメラの活用**
　　　残火処理活動には、視認や素手で触れるなどの五感を働かせた火源の確認が大変重要である。ただし、火災の形態によっては、五感による確認には限界があることから、赤外線カメラの活用を図らせる。特に、夜間等の暗闇の中で焦げ臭いにおいがあるものの、火点が確認できない場合には非常に効果的であり、積極的に活用を図らせる。
　　　赤外線カメラは、ダクト配管の表面温度や、確認が困難な天井裏、廊下等の延焼状況を熱画像表示することから、画面を確認しながら適切な破壊活動と残火の確認及び消火活動を行うことができる。
(4)　**監視警戒等**
　　ア　監視警戒等の協力依頼及び説示の確認
　　　　鎮火後、消防隊の現場引揚げにより消防警戒区域を解除するときは、火災建物の関係者に対する監視警戒の協力依頼及び説示の状況を確認して、関係者による再出火防止の徹底を図らせる。

この場合に、火元及び類焼した消防対象物の関係者が不在の場合には、現場保存にあたる警察官及び町会役員等に対して、当該対象物の監視、警戒等の協力を求めるとともに、消防団員に対して、火煙等を確認時の応急措置等を指示して再出火防止の徹底を図らせる。

また、延焼状況等から再出火防止に消防隊による警戒が必要な場合には、消防隊による監視警戒を実施する。

Point 4-16　関係者の範囲及び説示方法

区　分	内　容
1　関係者の範囲	①　火元及び類焼した消防対象物の関係者 ②　強い放射熱を受けたと予想される対象物の関係者 ③　上記関係者に関わる従業員、親戚、知人等 ※　火元対象物等で残存部分の価値が滅失し、かつ、事故発生危険の少ないものの関係者は除く。
2　説示の方法	①　口頭で危険と思われる場所の具体的危険性について説明する。 ②　必要に応じて説示書を交付する。

イ　現場警戒の実施

大規模な倉庫、作業所の火災、林場火災、大量の可燃物が焼損した火災、焼損物件が大量に堆積し、移動が困難な火災及び危険物に起因する火災等で、鎮火後に再出火の危険性が大きく、引き続き現場警戒する必要がある場合には、部隊を指定して監視警戒を実施する。

また、複数隊を指定した場合には、警戒活動を統括する指揮者を指定し、警戒活動を管理させる。

3　残火処理時の受傷事故の防止

(1) 隊員等の受傷事故防止の基本

火災現場における隊員等の受傷事故の多くは、残火処理時の壁体、柱、瓦等の倒壊、落下等によるものであることを十分に意識して、各中小隊長に対して、隊員の活動管理や焼損状況の把握、危険要因の排除等を指示し、安全管理の徹底を図らせる。

また、安全管理隊を活用し、監視方法等の確認と残火処理隊との連携及び指揮本部への定期的な監視状況の報告等、安全監視体制を確認して、事故防止に万全を図る。

(2) 倒壊、落下危険等の危険要因の早期把握及び排除

残火処理時の受傷事故の防止にあたっては、残火処理に先立って、必要により残火

処理隊及び安全管理隊の中小隊長とともに、残火処理場所の焼損状況（棟、階）から壁体、柱、瓦、床等の倒壊、落下危険等を確認し、危険箇所及び危険回避措置内容等について、活動中の隊員及び安全管理隊の隊員等に周知徹底を図る。

　また、倒壊、落下危険等があると判断した場合には、直ちに危険性を周知し、隊員等を一時退避させるとともに、壁体等が倒壊、落下する危険性が高く、隊員等に危害が及ぶおそれがある場合には、必要により壁体等を強制的に落下させ、危険要因を排除し、事故の未然防止を図らせる。

　大隊長は、安全監視体制確立後も定期的に現場を一巡するなどして、危険要因等の把握、排除に努めるとともに、安全管理及び安全監視の実践状況を確認して、必要な指示等を行う。

第5章
現場管理の統括指揮

　火災現場の管理については、第1章、第1節、第1「3　火災現場の管理」で触れたが、部隊管理、活動管理、情報管理、安全管理、リスク管理、労務管理、隊員管理と広範にわたっている。

　ここでは、現場管理の中でも、大隊長のリーダーシップの発揮が強く求められる安全管理とリスク管理に絞って説明する。

第1節 安全管理の統括指揮

　火災現場の安全管理は、消防活動の安全監視から活動（作業）危険の発見・把握、活動（作業）危険の周知、活動（作業）危険の回避措置、危険回避措置の実効性の確保、活動（作業）危険の排除と、「活動（作業）危険の回避サイクル」を次々に回して、安全管理を実践していくことである。

　大隊長には、現場責任者として「絶対に殉職者、隊員の重大事故等を発生させない。」との強い信念、使命感のもとに、安全管理を実践し、火災現場及び消防活動の安全を確保する責任がある。

図5-1　活動（作業）危険の回避サイクル

（図：安全監視 → 活動（作業）危険の発見・把握 → 活動（作業）危険の周知 → 活動（作業）危険の回避措置 → 危険回避措置の実効性の確保 → 活動（作業）危険の排除、中央に「活動環境」「活動要領の不理解」「不安全行動」）

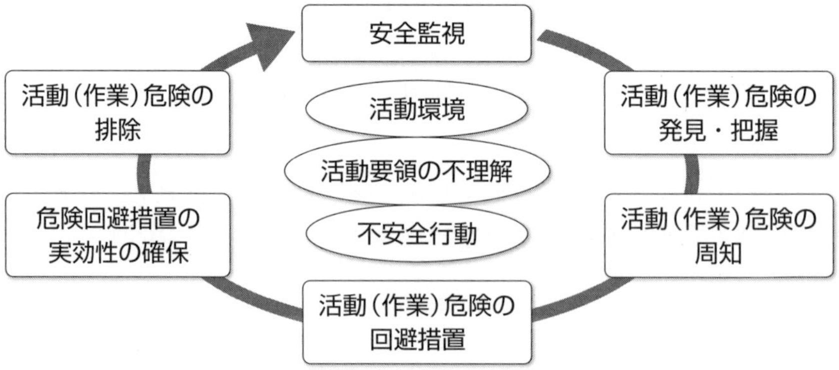

第1　活動（作業）危険の早期把握

　火災現場での安全管理の基本は、火災現場及び消防活動に内在する様々な活動（作業）危険を早期に察知して、危険実態に即した危険回避措置を迅速に講じて、事故等の未然防止を図ることである。大隊長には、過去の事故事例や教訓等から活動（作業）危険への感性を磨き、火災現場の活動（作業）危険を早期に察知し、又は活動（作業）危険の情報を受信した場合には、直ちに反応して危険実態に対応した一連の危険回避措置等を次々と下命できるように、安全管理能力の向上を図っておく必要がある。

　また、活動（作業）危険は、活動環境に起因する危険と消防活動に起因する危険とに大

1 活動（作業）危険の予知、予測

(1) 活動（作業）危険の予知、予測能力の向上

　消防活動の安全確保には、活動（作業）危険を早期に予知、予測し、危険実態に対応した必要な危険回避措置を講じて、迅速に活動（作業）危険を回避させることが重要である。

　活動（作業）危険の予知、予測能力の向上には、過去の事故事例及び教訓等から「危険」を危険として察知できるように、活動（作業）危険への感受性を高めておくことが重要である。交通危険予知訓練と同様に、「まさか隊員が落下することはないだろう。」から「隊員が落下するかもしれない。」との危険側に立った視点での判断及び指揮対応が行えるように、能力向上を図っておく必要がある。

(2) 活動環境に起因する活動（作業）危険の把握

　活動環境に起因する活動（作業）危険は、一般にその危険要因等から、火点建物等への消防隊の進入を統制し、警戒区域を設定して区域内への消防隊の進入及び活動を制限し、また、消防隊を直ちに屋外に退避させるなどの措置を必要とする活動（作業）危険である。

　この活動（作業）危険は、延焼状況や噴出する煙、火炎等の兆候から判断できる場合や、判断が困難な場合又は判断ができない場合もある。活動環境に起因する活動（作業）危険の判断にあたっては、これらの兆候及び特性等の十分な理解とともに、危険感知力を高め、活動（作業）危険の予知、予測につなげていくことが大切である。

Point 5-1　活動環境に起因する活動（作業）危険

活動（作業）危険	活動環境の危険要因及び潜在危険等
1　進入統制を必要とする活動（作業）危険	①　倉庫、産業廃棄物処理施設、工場、林場、劇場、地下室、地下鉄、変電室等用途、場所の危険 ②　工事中の建物等の危険 ③　危険物、毒・劇物、禁水性物質等の危険 ④　フラッシュオーバー、バックドラフト等急激な延焼拡大危険
2　警戒区域の設定を必要とする活動（作業）危険	①　瓦、ガラス、梁、モルタル壁、床等の落下危険 ②　建物等の倒壊危険 ③　危険物、ガス、毒・劇物等の漏えいによる危険

3 建物内等からの退避を必要とする活動（作業）危険	① 床落下の危険、建物の倒壊危険 ② 急激な延焼拡大危険、爆発等の危険 ③ 危険物、ガス、毒・劇物等の漏えいによる危険 ④ 収容物の荷崩れ等の危険

(3) 消防活動に起因する活動（作業）危険の把握

　消防活動に起因する活動（作業）危険は、危険把握時に隊の活動や隊員の行動を停止させ、又は禁止する措置を必要とする危険である。この活動（作業）危険の特徴は、隊員等の活動技量の不足及び活動基準・活動要領等の不理解に起因するもので、消防活動の危険箇所や注意を要する箇所での隊の活動や隊員の行動等から危険性を判断することができる。

　消防活動に起因する活動（作業）危険の把握にあたっては、平素の訓練等を通して中小隊長及び隊員の活動能力、技量等を把握し、部隊活動や隊員の行動等から不安全行動や活動要領等の理解不足等を、直感的に判断して指導できるように能力の向上を図っておく必要がある。

Point 5-2　消防活動に起因する活動（作業）危険

活動（作業）危険	消防活動の危険要因及び潜在危険等
1 消防活動の危険箇所や注意を要する場所での個々の活動（作業）危険	［転落危険］ ① 高所での救助、消火、破壊活動等 ② スレート、アクリル板等の屋根上での活動 ③ 床抜けの危険がある階での活動
	［熱傷危険］ ① 濃煙熱気内への進入、活動時 ② 注水時、進入口・排煙口設定時等の吹き返し ③ フラッシュオーバー
	［感電危険］ ① 変電室等での消火活動 ② 架空配線、引き込み線との接触による危険
	［落下物等による危険］ 　瓦、ガラス、梁、モルタル壁、床等
	［倒壊による危険］ 　鉄骨造建物、木・防火造建物、林場、モルタル壁等
	［倉庫等の危険］ 　危険物、毒・劇物、高圧ガス等収容物による危険

2	不安全行動（活動技量の不足等）による個々の活動（作業）危険	① 活動方法不適による危険 ② 消防機器等の取扱不適による危険 ③ 呼吸器等の身体防護措置不適による危険
3	活動基準・要領等の不理解による個々の活動（作業）危険	① 火点室への注水、対面注水、進入口・排煙口設定等による他隊への活動（作業）危険 ② エレベーターの使用、非常用エレベーターの火点階停止による危険性

2　火災現場の安全監視体制の確立

(1)　活動監視体制の早期確立

　活動（作業）危険は、大隊長自ら現場巡視等により把握に努めるとともに、指揮本部を中心に、指揮隊員、中小隊長、隊員及び関係者等からの情報を迅速に把握できる体制を確立しておくことが重要である。特に、火点建物の用途等の危険特性を踏まえて、消防活動の危険箇所や注意を要する箇所等では、各中小隊長、隊員等が相互に注意を喚起し、継続的に安全監視が図れる体制を確保させる必要がある。

　大隊長は、火災現場の活動環境及び部隊の活動状況を客観的に把握できる立場にあることから、活動中の中小隊長及び隊員等が気づかない点、安全管理上の配慮が足りない点等の早期把握に努め、危険が予想される場合には、直ちに必要な危険回避措置等を講じられるように配意する。

(2)　指揮本部による安全監視

ア　危険情報への機敏な反応

　大隊長は、平素から中小隊長、隊員等に対して、危険情報に接した場合には機敏に反応し、直ちに隊長及び指揮本部に報告するように習慣付けさせておく必要があるが、中小隊長、隊員等からの報告を指揮本部で聞き漏らしたり、報告に対して指揮本部から何の返答も対応もない場合には、指揮本部への報告を徹底させることは困難となる。

　指揮本部への危険情報の報告を徹底させるには、指揮担当に対して、中小隊長からの無線報告等に対して機敏に反応（応答、現場確認等）するように徹底を図らせるとともに、大隊長自身も無線交信を積極的に受信し、危険情報に接した場合には直ちに指揮担当及び情報担当（員）に対応させるなどして、指揮本部の危険情報への感受性及び対応能力の向上を図っておく必要がある。

イ　施設関係者の早期確保

　倉庫、工場、劇場、毒・劇物施設等の火災時には、活動（作業）危険の把握が困難な場合が多く、危険把握に多くの時間を要し、消防活動等への対応が遅れること

がある。警防計画等樹立対象の火災時には、速やかに用途、施設の活動（作業）危険を確認するとともに、情報担当（員）に対して、施設関係者を早期に確保させて、具体的な活動（作業）危険を把握させるものとする。

夜間等で、関係者を早期に確保できない場合には、署隊本部及び警防本部を通して施設会社等に連絡し、早期に施設関係者を現場に派遣するよう要請することがポイントである。

(3) 活動（作業）危険の回避措置

活動（作業）危険を把握した場合には、危険実態に対応した危険回避措置を迅速に下命して、事故等の未然防止を図らせることが重要である。

このためには、活動（作業）危険の種別等に対応した危険回避措置等の指揮対応についてモデル化を図るなどして、活動（作業）危険への指揮対応が迅速に行われるように、危険回避能力の向上を図っておく必要がある。

第2　活動環境に起因する活動（作業）危険の回避措置

活動環境に起因する活動（作業）危険は、第1「1　活動（作業）危険の予知、予測」で説明したように、消防隊の火点建物等への進入を統制し、警戒区域を設定して区域内への消防隊の進入等を制限し、活動中の隊員を屋外に一時退避させるなどの措置を必要とする活動（作業）危険である。

ここでは、代表的な活動（作業）危険を通して、基本的な危険回避措置要領等について確認する。

Point 5-3　活動環境に起因する代表的な活動（作業）危険

① 倉庫等建物内への進入危険　　④ 建物の倒壊危険
② モルタル壁等の落下危険　　　⑤ 毒・劇物等の二次災害発生危険
③ 床落下、床抜け危険　　　　　⑥ ＬＰガスボンベの爆発危険

1　倉庫等の進入危険への対応

(1) 活動（作業）危険の原因等

倉庫等の火災建物への進入危険は、火炎、黒煙等の急激な拡大により進入隊員が退路を絶たれる危険、収容物等の荷崩れ、落下、倒壊等による危険及び貯蔵物質（危険物や毒・劇物等）等の危険である。

(2) 進入危険の予測と指揮対応能力の向上

　　倉庫、工場、産業廃棄物処理施設、林場、劇場、地下室等の火災の場合には、火点建物の用途、出火階及び貯蔵物質等から活動（作業）危険を予測する。特に、進入危険は、火点建物の用途等によっても推定できるので、「倉庫火災」「産業廃棄物処理施設火災」等の建物用途を聞いただけで、「進入危険」「進入統制の下命」等のスイッチが入るように、感受性を高めておくことが重要である。

　　このためには、過去の火災事例、教訓等から、倉庫、工場、産業廃棄物処理施設、林場、劇場、地下室等の火災の具体的な危険性及び指揮対応等の把握に努め、危険実態に対応した具体的な指揮対応を行えるように、指揮能力の向上に向けた積極的な取組が求められる。

Point 5-4　火点建物等への進入危険の例

建物用途	火点建物等への進入危険内容
1　倉庫火災	①　荷崩れの危険 ②　貯蔵取扱物質の不明（危険物や毒・劇物等）による危険
2　産業廃棄物処理施設等の火災	①　濃煙熱気が急激かつ広範囲に充満し、退路を絶たれる危険 ②　複雑な内部構造、ピット等への転落危険
3　劇場等の火災	①　内部空間が広く、舞台裏等の構造が複雑で、退路を絶たれる危険 ②　舞台部等における照明、大道具等の落下危険
4　林場火災	立て掛けてある木材が一挙に倒壊し、下敷きとなる危険
5　地下室火災	濃煙熱気が急激かつ広範囲に充満し、退路を断たれる危険

(3) 活動（作業）危険の回避措置

　ア　出場途上の措置

　　　倉庫等の火災のように、屋内進入を統制する必要のある火災への出場時には、出場途上に「爆発音がする。」「激しく黒煙噴出中」等の無線情報を受信するなど、延焼状況等によって、直ちに建物内への進入危険の周知や進入制限等の措置を途上に下命して注意を喚起し、出場隊に安全確保を図らせることが重要である。特に、過去の倉庫等の火災では、屋内進入直後の爆発的燃焼により複数の隊員及び関係者が受傷した事例もある。これらの建物用途での進入危険の周知及び進入統制は、最先到着隊が屋内進入をするまでの間に、迅速に行う必要があることを肝に銘じておく。

[倉庫火災等で進入危険がある場合の途上命令の例]
① 「倉庫火災につき、進入危険あり、救助指定中隊長は、後着隊の屋内進入を統制せよ。」
② 「倉庫火災につき、進入危険あり、各隊長は屋内進入を強く統制せよ。」
③ 「倉庫火災につき、進入危険あり、屋内進入にあたっては安全管理に十分配意せよ。」

イ 現場到着時の措置

　倉庫火災等では、現場到着時の延焼状況及び先着隊の活動状況等から、屋内進入の危険性を迅速に判断する。進入統制が必要な場合には、指定隊以外の隊の進入禁止等を車載拡声器、携帯無線機等により繰り返し周知するとともに、必要により各隊長を指揮本部に呼んで、進入統制及び隊員の行動掌握等の徹底を図らせる。

　さらに、火点建物の出入口付近に車両が部署している場合には、延焼状況等により火炎噴出等に備え、車両の部署換えを行わせる。また、活動隊に危害が及ぶことが予想される場合には、活動隊を一時退避させるとともに、出入口に安全管理隊の隊員を配置して、出入管理の徹底を図らせる。

ウ 進入隊の活動管理

　進入隊の活動管理にあたっては、急激な火炎、黒煙等の拡大による緊急退避を念頭に置き、進入隊の中小隊長に対して、進入態勢、活動範囲、連絡手段及び退避要領等の徹底と、進入後の活動監視の徹底を指示して、安全管理の徹底を図らせる。指揮担当に対しては、進入隊の隊長と連絡を密にして延焼状況及び活動状況等を掌握させるとともに、大隊長自らも火点建物の開口部等からの火炎、黒煙等の噴出状況を常に監視して、急激な火炎、黒煙等の拡大時に一時退避等の対応が迅速に行えるように備えるものとする。

　また、注水等により、黒煙等の急激な拡大が予想され、活動隊員が煙に巻かれる危険がある場合には、躊躇することなく一時退避を下命するとともに、状況により進入隊の退避を支援する隊（援護筒先）を退避口付近に待機させる。

エ 現場交替時の活動（作業）危険申し送りの徹底

　倉庫及び産業廃棄物処理施設等の火災で現場交替を行わせる場合には、引継ぎ隊に対して、火災建物の危険性及び危険箇所等を具体的に説明して注意を喚起し、事故等の未然防止を図らせる必要がある。

　現場交替時には、申し送り隊、引継ぎ隊の中小隊長を指揮本部に呼び、火災の状況、活動（作業）危険箇所及び安全管理のポイント等の引継ぎを指示するとともに、申し送り隊の中小隊長に対して、引継ぎ隊長等を建物内の活動（作業）危険箇所等に案内して、具体的な活動（作業）危険、注意点等の申し送りを行わせ、申し送り

後に引継ぎ中小隊長から現場交替完了を指揮本部に報告させる。

2　モルタル壁等の落下危険への対応

(1) モルタル壁等の落下危険の原因

　モルタル壁等の落下、崩壊の危険は、外壁支持材の燃え込み等により火災の中期以降に多く発生する。

(2) 落下危険の予測

　ア　落下危険の兆候の確認

　　モルタル壁等の落下危険の兆候は、一般に壁体に亀裂や膨らみが見られるが、壁が厚い場合や外壁に特殊な装飾を施している場合には、亀裂や膨らみが見られないこともあるので注意する。

　イ　局部破壊による落下危険の確認

　　モルタル壁等の落下危険は、外観から落下危険の兆候を判断できない場合があるので、延焼状況から落下が懸念される場合には、速やかに壁体の上部及び天井裏等を局部破壊させて、外壁支持材等の延焼（焼き）状況を確認して、落下危険を判断させる。落下危険は、一見しただけで判断するのは困難であり、継続的にモルタル壁等の落下危険を監視して、異常を察知できるように配意する。

Point 5-5　モルタル壁等の落下危険の特徴

① 店舗併用建物の壁体は、美観上等の観点から一見耐火造建物のように見え、実態以上に強固で強度があるように錯覚する危険がある。
② モルタル壁等の崩壊は、延焼状況により中期以前でも柱、木ずりが早期に焼きして、崩壊する危険性があることを念頭に置いておく必要がある。
③ 外壁に特殊な装飾があるもの又は外壁から外部に突出させた工作物等は、外観から取り付け部分の強度が確認できないことから、火災時には一挙に崩壊する危険性がある。

(3) モルタル壁等の落下危険の回避措置

　ア　迅速な現場確認と落下危険の周知徹底

　　モルタル壁等の落下危険の報告を受けた場合には、直ちに現場確認を行い、落下危険の切迫性、具体的な落下危険を判断し、必要により落下危険の周知と必要な危険回避措置を下命する。落下危険の周知にあたっては、例えば「火点建物の西側通路、モルタル壁の落下危険あり、壁際の部署は避けて活動せよ。」等と具体的に危険箇所を明示して、繰り返し周知させる。

　　また、大隊長は、落下危険の報告を受けた場合に、瞬時にモルタル壁等の落下危

険時の指揮対応モデルが頭に浮かんでくるように、危険回避措置能力の向上を図っておく必要がある。

> **指揮対応モデル例** 5−1　モルタル壁等の落下危険時
>
> ①　危険箇所の確認と落下危険の周知徹底
> ②　隊を指定し、警戒区域の設定と警戒区域設定の周知
> ③　各中小隊長への隊員掌握の徹底
> ④　安全管理隊の隊員等の配置による警戒区域内への進入統制・監視
> ⑤　必要により強制的に落下させ、落下危険を排除

　イ　警戒区域の設定と監視強化

　　モルタル壁等の落下危険がある場合には、直ちに標示テープ等による警戒区域の設定を行わせるとともに、安全管理隊の隊員及び消防団員等を配置し、区域内への立入禁止等の監視強化を図らせる。警戒区域の設定時には、立入禁止等の実効が上がるように、いかに監視を継続し強化させるかがポイントとなる。

　　安全管理隊の隊員に対しては、警戒区域内への進入禁止を徹底させるとともに、落下危険等の監視状況について逐次指揮本部への報告を行わせ、また、建物内部からの壁体への注水も外壁落下の要因となるので、内部で活動中の隊に対して壁体への注水について注意させる。

　ウ　落下危険の強制排除

　　警戒区域を設定しても、現場の状況等から活動隊員が警戒区域内に進入してしまう頻度が高く、進入禁止の実効性を確保することが困難な場合や、壁の膨らみ等が増して一部落下し、又は傾いたりして落下危険が切迫している場合には、必要により落下危険のあるモルタル壁等を強制的に落下させて危険を排除する措置を配慮する。

(4)　その他

　　歩道、壁際等に瓦、窓ガラスの落下危険がある場合には、「(3)　モルタル壁等の落下危険の回避措置」を準用する。また、壁際にホースが延長されている場合には、窓ガラス落下によるホースの損傷防止のため、壁際からホースを離させるなどの配慮が求められる。

3　床落下、床抜け危険への対応

(1)　床落下、床抜け危険の原因

　　床落下、床抜け危険は、燃え込みによる２階の根太、床板の焼け細りや、畳、布団等が消火水を吸い込んで重くなるなどの条件が重なって発生する。

(2) 床落下、床抜け危険の予測

　床落下、床抜けは、一般に延焼防止見込みの前後から危険性が増大するので、延焼防止見込み以降は、床落下、床抜けの危険箇所を速やかに確認させる。既に燃え抜けている部屋等がある場合には、隣接する他の部屋も床落下、床抜けの危険があると判断して、注意を喚起する。

　また、床落下、床抜け危険の確認にあたっては、1階の天井裏及び2階床部分の燃焼状況を把握して、根太・床のたわみ等から落下危険の兆候を確認させ、2階では足踏みや身体を揺すったりして2階床の強度、弾力性等から落下の兆候を確認させる。

(3) 床落下、床抜け危険の回避措置

　ア　事前の危険回避措置

　床落下、床抜けのおそれがある場合で、その階下に進入するときには、上階の根太、床板の焼け細り等の焼損状況及び建物構造等を十分確認してから進入等を行わせる。

　また、床落下、床抜けのおそれがある室（階）に進入するときには、荷重が1箇所に集中しないように分散して進入させるとともに、床落下、床抜けに備え、部屋の中央を避け、窓際、隅等に部署させて活動させる。なお、床落下、床抜けの危険性が高いと判断される場合には、各隊長に対して危険箇所への進入、接近等、隊員の行動を強く統制させる。

指揮対応モデル例 5-2　床落下、床抜け危険がある場合

① 床落下、床抜け危険箇所の確認と危険の周知徹底
② 必要により屋内での活動隊の一時退避（安全確認）
③ 警戒区域の設定と警戒区域設定の周知徹底
④ 安全管理隊の隊員等の配置による下階への進入禁止等の徹底

　イ　警戒区域の設定と監視の強化

　床落下、床抜け危険がある場合には、速やかに危険箇所に警戒区域を設定し、標示テープやケミカルライト等を活用し、その範囲を表示させる。

　火災現場では、警戒区域を設定しても、床落下、床抜け危険のある場所及びその階下を隊員が通過してしまうことがあるので、警戒区域設定の実効が上がるよう、安全管理隊の隊員を配置し、安全監視の徹底を図らせるとともに、屋内進入隊長に対して床落下、床抜け危険箇所への進入禁止等の徹底を図らせる。

> **【残火処理中に床が崩落し、1名が殉職した事故事例】**
> 　他の消防本部において、木造建物1階部分で残火処理中に、2階部分の床の崩落によって隊員数名が下敷きとなり1名が殉職した。
> **【床抜け危険箇所への進入統制が難しい事例】**
> 　木造、防火造建物火災で2階の床抜け危険を周知し、ケミカルライト等を活用し、その範囲を表示していたにもかかわらず、後から進入してきた隊員が床抜けの危険箇所に進入してしまい、畳とともにゆっくり抜け落ちた。

4　火点建物等の倒壊危険への対応

(1) 倒壊危険の原因

　準耐火造建物の鉄骨材は、熱に弱いため、全焼火災等で火勢が強い場合には、まれにではあるが主要構造部（柱鋼材）の変形、座屈による建物倒壊の危険性がある。特に、増築等を繰り返している建物には注意が必要である。

(2) 活動（作業）危険の予測

　準耐火造建物（不燃構造）火災で、延焼建物が徐々に傾くなどの兆候がある場合には、建物の倒壊危険を予測する。

(3) 活動（作業）危険の回避措置

　ア　建物倒壊危険の周知及び退避措置

　　建物の倒壊危険の報告を受けた場合には、直ちに現場を確認する。倒壊危険があると判断した場合には、車載拡声器、携帯無線機等を活用して、倒壊危険の周知と活動隊員の一時退避を下命する。

　イ　警戒区域の設定と監視強化

　　建物の倒壊危険がある場合には、倒壊危険方向及び規制範囲を判断して警戒区域を設定し、車載拡声器、携帯無線機等で繰り返し周知させる。警戒区域設定時には、標示テープ等で規制範囲を明示して、各隊長に対して隊員の行動を強く統制させるとともに、警戒区域設定の実効が上がるように安全管理隊の隊員等を配置して、危険の周知、安全監視及び進入禁止等の措置の徹底を図らせる。

5　毒・劇物等の二次災害発生危険への対応

(1) 活動（作業）危険の原因

　毒・劇物等の倉庫及び貯蔵取扱施設等の火災時は、毒・劇物等の加熱、流出、漏えい等による人体危険に加え、爆発、急激な延焼拡大及び注水等による二次災害の発生危険がある。

(2) 活動（作業）危険の予測

　　毒・劇物等の倉庫及び貯蔵取扱施設等の火災時には、毒・劇物等の品名、物性等が不明な場合が多く、「臭気」「刺激臭」「着色ガス」等の兆候から毒性危険等を予測する。

　　具体的な活動（作業）危険の確認にあたっては、毒・劇物の貯蔵取扱施設の標識及び関係者からの聴取等により、毒・劇物等の危険性を確認するとともに、必要により化学機動中隊を要請する。

(3) 危険の回避措置

　ア　事前の危険回避措置

　　　大隊長は、火災現場に「臭気」「刺激臭」「着色ガス」等がある場合には、毒性ガス等による危険性を判断し、必要によりその危険性を周知するとともに、呼吸器、防火衣等の完全着装並びに屋内進入の規制等、部隊の活動を強く統制する。

　イ　毒・劇物等の物性危険の早期確認

　　　毒・劇物等の活動（作業）危険の確認にあたっては、施設関係者を早期に確保して、化学薬品等の品名、数量及び危険性等を確認させるとともに、危険範囲（流出、漏えい範囲）等を特定させる。また、化学薬品等の品名、危険性等が不明なときには、施設関係者に追跡確認を行わせるとともに、化学機動中隊が現場に到着している場合には、必要な対応を下命する。

　ウ　活動（作業）危険の周知徹底と警戒区域の設定

　　　大隊長は、毒・劇物施設等の火災であると判断した場合には、危険性及び必要な措置内容等の周知徹底を図るとともに、安全管理隊の隊長、化学機動中隊等に対して毒・劇物警戒区域の設定を下命し、安全監視の強化と隊員等の活動を強く統制させる。

　エ　延焼による危険物品への影響等の判断

　　　延焼中及び延焼拡大危険が大なる建物内に危険物品がある場合で、危険物品の搬出が可能なときには、関係者等を活用して搬出（撤去）等を指示し、危険物品の搬出（撤去）等が不可能な場合には、火災熱及び消火水による影響等を考慮して、筒先を集中しての延焼阻止及び冷却等を行わせる。また、爆発及び急激な延焼拡大等が予想される場合には、直ちに退避等の措置を下命する。

　　　なお、施設関係者の活用を図る場合には、関係者が受傷等することがないように事故防止に十分に注意させ、また、禁水性物質が貯蔵されている場合には注水厳禁とし、注水禁止を強く統制する。

6　LPガスボンベの爆発危険等への対応

(1) 活動（作業）危険の予測
　延焼中及び延焼拡大中の建物等に接してＬＰガスボンベがあり、火炎にあおられる危険性が高い場合には、ＬＰガスボンベの爆発等による活動（作業）危険を予測する。

(2) 危険の回避措置
　延焼中の建物に隣接してＬＰガスボンベがあり、火炎にあおられる危険性がある旨の報告を受けた場合には、直ちにその旨を周知させるとともに、現場確認を行い、ＬＰガスボンベ周囲の延焼状況とＬＰボンベへの影響を確認して、ＬＰガスボンベへの延焼阻止の警戒筒先を配備し、必要により冷却注水を行わせるなど、危険実態に対応した危険回避措置を取らせる。

Point 5-6　危険回避措置内容

危険実態		措置内容
1　ボンベまで延焼の危険がない場合		必要により警戒筒先を配備させる。
2　ボンベまで延焼の危険がある場合		①　ボンベ周囲の火勢制圧（延焼の阻止） ②　ボンベへの冷却注水を行わせる。
3　火を噴いている場合	二次側	ボンベの二次側から火を噴いている場合には、ボンベの冷却を行いながらバルブを閉鎖させる。
	安全弁	ボンベの安全弁から火を噴いている場合には、火を消さないようにボンベの冷却を行い、火力の収まりを待って木栓を打ち込み、ガスの漏えいを止める。
4　ボンベが火炎にあおられ、爆発危険がある場合		①　筒先を集中し、ボンベを冷却させる。 ②　危険区域を設定し、隊員等を退避させる。

第3　消防活動に起因する活動（作業）危険の回避措置

　消防活動に起因する活動（作業）危険は、部隊及び隊員の活動、行動等を監視し、危険が予想される場合には、直ちにその活動、行動を制限し、停止し、又は禁止する措置を必要とする。

　消防活動に起因する活動（作業）危険の回避のポイントは、大隊長、中小隊長及び安全管理隊の隊長等が消防活動上注意を要する箇所での活動の危険性、隊員の活動技量不足等による不安全行動及び活動基準・活動要領等の不理解等による活動（作業）危険を直感的に見抜いて、その活動及び行動等を中止させ、禁止する措置を迅速に取れるかにある。

1　消防活動上注意を要する場所での危険回避措置

(1)　**活動（作業）危険の原因**

　　消防活動上注意を要する箇所の活動（作業）危険は、消防活動によって生じる転落危険、落下物による受傷危険、熱傷危険、感電危険等である。

(2)　**活動（作業）危険の予測**

　ア　隊員等の転落危険の予測

　　(ｱ)　高所並びにスレート、アクリル板等の屋根上での活動時には、転落危険を予測する。

　　(ｲ)　床抜けが予想される箇所、周囲での活動時には、床抜けによる落下危険を予測する。

　　(ｳ)　てい上放水からの屋内進入時には、落下危険を予測する。

　イ　落下物による受傷危険の予測

　　(ｱ)　軒下の部署や活動は、瓦、ガラス等の落下物による受傷危険を予測する。

　　(ｲ)　屋根が燃え抜けた火点室等への進入時には、瓦等の落下による受傷危険を予測する。

ウ　熱傷危険の予測

　　火点室への進入及び延焼区画内への注水時には、火炎の噴出、注水による吹き返しによる熱傷危険を予測する。

エ　感電危険の予測

　　変電室がある場合には、注水による感電危険を、架空線、引込み線近くの活動では、身体接触等による感電危険を予測する。

図5-2　消防活動上注意を要する箇所での危険

(3)　活動（作業）危険の回避措置

ア　活動隊員等への注意の喚起

　　消防活動上注意を要する場所等での受傷事故の防止には、消防活動を指揮する中で、消防活動上注意を要する場所を早期に把握して、活動隊員に危険性を周知し、注意を喚起することが大切である。

　　大隊長は、注意を要する場所での活動を確認し、又はその旨の活動を無線で受信した場合には、直ちに活動（作業）危険を予測し、中小隊長に対して必要な危険回避措置を取るよう指示するとともに、指揮担当等に対して転落、落下物、熱傷及び感電等の危険性を繰り返し周知させ、注意を喚起して、活動隊員に活動（作業）危険に対応した危険回避措置を取らせる。

Point 5-7　注意を要する箇所での注意喚起及び危険回避措置

区　分	注意を要する箇所での活動	注意の喚起、危険回避措置
転落危険	(1)　高所での救助・消火・破壊活動等	①　転落注意 ②　確保ロープの活用
	(2)　アクリル板等の屋根上での活動	①　踏み抜き注意 ②　垂木に足を掛ける、単はしご等で補強

	(3) 床抜けの危険がある階での活動	① 床抜け箇所からの転落注意 ② 警戒線の設定、隊員の接近を統制
落下物	(1) 軒下での活動	① 窓ガラス等落下物に注意 ② 軒下を避けた部署
	(2) 屋根が燃え抜けた火点階（室）等への進入	① 瓦の落下に注意 ② 進入時、振り回し注水等により、落下しやすいものを落としてから進入
熱傷危険	(1) 火点室への進入・活動	① 身体防護措置のチェック ② 進入時、火炎噴出に注意 ③ フラッシュオーバーの発生、急激な火災の拡大に注意
	(2) 火点室への注水	吹き返し等に注意
感電危険	(1) 変電室等での消火活動	① 注水による感電に注意 ② 注水禁止等
	(2) 架空配線の周囲での活動	① 接触による感電に注意 ② 活線接近警報器の活用 ③ 電気事業者への電路遮断の要請

イ　中小隊長に対する活動管理の徹底

　消防活動上注意を要する箇所での事故防止には、各中小隊長の積極的な危険回避への対応が不可欠である。活動（作業）危険がある場合には、必要により中小隊長を指揮本部に集結させ、具体的な注意喚起と危険回避措置等を指示して、隊員の活動管理の徹底を図らせるとともに、活動（作業）危険がなくなるまで、中小隊長及び安全管理隊に継続的な活動監視を行わせる。

2 不安全行動等による活動（作業）危険の回避措置

(1) 活動（作業）危険の原因

　消防活動時の隊員等の不安全行動は、活動要領の不適、消防機器等の取扱い、操作方法の不適及び呼吸器等の個人装備品の着装不適等、現場経験不足や技量不足等に起因して発生する活動（作業）危険である。

(2) 活動（作業）危険の予測

　隊員等の不安全行動は、単発的で把握が困難な面がある。消防活動中の隊員等の不安全行動を直感的に判断し、見抜くことができるかは、中小隊長及び大隊長の消防活動に係る経験、知識、技量等によって大きく左右される面がある。

　消防活動中の隊員等の不安全行動を的確に把握するためには、平素の訓練指導を通

して、大隊長自身が基本操法や消防活動要領等に対する理解を深め、屋内進入、火点室への進入、高所進入、人命検索活動、火点検索活動、火勢制圧活動、警戒配備活動、水損防止活動等の活動から、隊員等の不安全行動を的確に見抜けるように、活動管理のコツ等の習得に努め、活動（作業）危険の予知、予測能力の向上を図っておく必要がある。

(3) 活動（作業）危険の回避措置

ア　事前の危険回避措置

隊員等の不安全行動に伴う事故等の発生を回避させるには、不安全行動を確認したときに、直ちに注意を喚起し、その活動及び行動を停止させ又は禁止させることが大切である。このためには、平素から中小隊長に対して隊員の活動管理及び行動監視の徹底を指示しておく。特に、新任配置者等については、各中小隊長の管理下での行動等を徹底させる。

隊員等の不安全行動の回避には、隊員等の基本的な知識、技術及び活動能力の向上が求められることから、機器の取扱訓練、部分訓練、基本訓練及び活動訓練等の反復訓練が不可欠である。

しかしながら、新任の中小隊長の中には、警防分野の経験が浅く、基本操法等の訓練設定や訓練推進及び指導方法等が十分でない中小隊長もいるので、訓練を円滑かつ効果的に推進できるように、訓練実施に必要な知識、技術及び訓練指導技術、手順、指導要領等について伝授するなどして、中小隊長への部隊育成への動機付けと部隊育成能力の向上を図っておく必要がある。

Point 5-8　隊員の基本的な活動能力の向上

隊員の基本的な活動能力の向上にあたっては、基本結索、空気呼吸器の着装、エンジンカッター等の取扱要領、手びろめホース延長要領等、隊員個々の活動技能や、三連はしご操法、応急はしご操法、単はしご高所進入操法等の基本操法等を反復実施させ、自然と身体が基本どおりに動くまでに育成しておくことが大切である。

このためには、基本操法の反復訓練が不可欠である。基本操法の訓練は、操法手順に沿って、手順の説明、諸動作の分解展示から始まって、部分訓練の実施、実施内容の確認、追指導等の段階的な訓練を繰り返して行い、最後は「○○操法、操作始め」の隊長の一言の指示で、一連の行動が行えるようにしておく。また、積載器具等については、いつ、どのような状況下においても、円滑かつ効果的に活用できるように部隊の活動能力を維持しておくことが、中小隊長の責任であることを徹底しておく。

人材育成にあたっては、「やってみせ、言って聞かせて、させてみて、ほめてや

らねば、人は動かじ」と、海軍大将 山本五十六の有名な言葉がある。基本的な活動能力の向上は、段階的な訓練の繰り返しが基本であり、粘り強い取組が求められる。

 イ 不安全行動の前兆行動を捉えた活動停止、禁止等の指示

  消防活動中に隊員等の不安全行動を確認したときには、直ちに注意を喚起し、その活動を一旦停止し、又は禁止させて安全確保を図らせる。不安全行動の中には、不安全な行動が現出する前に、前兆行動がある場合があるので、この前兆行動を捉えて安全確保を図らせることが大切である。

  例えば、三連はしごから火点室へのてい上放水後に、そのまま屋内進入をしようとしている場合には、はしごの架てい位置が窓から離れているために、無理な姿勢となり、隊員が落下等する危険がある。このような場合には、不安全行動を起こす前に、はしごを架てい替えさせてから進入させるなどして、進入時の安全確保を図らせる。隊員の安全確保を図るためには、不安全行動が現出する前の前兆行動を察知できる知識、技術等が中小隊長及び大隊長に求められる。

  また、現場で隊員の不安全行動を指摘し、又は危険回避措置等を指示したときは、帰署後に必ず中小隊長にその旨を連絡し、隊員の活動能力の向上に反映させるように配意する。

3 消防活動要領等の不理解による活動（作業）危険の回避措置

(1) 火点室等への注水時の活動（作業）危険の回避措置

  火災初期における火点室等への注水時の活動（作業）危険の回避については、第4章、第1節、第1、1、(3)「ア　火点室への進入、注水の管理」で説明したが、火点室に注水する旨の事前報告の徹底と、事前報告受信時には、指揮本部が直ちに報告の行動を可とし、又は禁止する旨を即答して、火点室及び火点室周辺で消防活動中の隊の安全を確保させることが重要である。

> **【急激な黒煙等の拡大により、隊員が一時行方不明となった事例】**
> 　工事中の広い地下空間の火災で、地階に進入時には、延焼中の炎の明かりで、周囲の状況及び避難経路となる階段、ホース線等も明確に見えていたが、注水により急激に黒煙等が拡大して、奥に進入していた隊員が退路を断たれ、一時行方不明になった事例がある。広い空間の火災での注水時には、注水に伴う急激な黒煙等の拡大を考慮して、あらかじめ注水前に一時退避等の徹底を図らせる必要がある。

(2) エレベーター使用時の活動（作業）危険

　ア　エレベーター使用の危険性の予測

　　火災時のエレベーターの使用は原則禁止であるが、隊員が火点確認時等に安易にエレベーターを使用し、エレベーター内に閉じ込められ、又は延焼階に到着後、エレベーターのドア開放時に火炎にあおられ、受傷する危険等を予測する。

　イ　危険回避措置

　　高層建物等の火災では、エレベーターの使用禁止を周知徹底させるとともに、非常用エレベーター活用時には、原則として火点直下階に停止させ、火点直下階から屋内階段を使用しての火点階への進入を徹底させて、エレベーターの扉を開放したときに火炎にあおられる危険を排除させる。

> **【荷物用エレベーターを使用し、受傷した事例】**
> 　物流センターの火災で、6階に逃げ遅れ者がいるとの情報で出場し、指揮隊員は現場到着後に従業員の案内で、荷物用エレベーターで6階に向かった。6階到着後に扉が開放されると、エレベーター前が火点で熱気と黒煙が入ってきたため、扉を閉鎖しようとしたがすぐには閉まらなかった。このため、従業員と階段方向に避難して、近くのトイレ窓からバルコニーに避難したが、熱気等により受傷した。
> 　なお、このエレベーターは、荷物用で、作業の利便性のため、ボタンを押しても扉はすぐには閉まらない構造であった。

(3) 照明器具等未活用の活動（作業）危険

　ア　暗闇での活動（作業）危険の予測

　　夜間及び暗所で、照明器具等を活用しないで活動している場合には、活動隊員の転倒、転落、衝突等の受傷危険を予測する。

　イ　危険回避措置

　　夕刻の延焼火災現場では、夜間での長時間の活動が見込まれるため、早めに投光器の活用及び照明電源車の応援要請等を配意する。

第2節 リスク管理の統括指揮

火災現場では、隊員の殉職や重大な受傷事故、再出火、そして消防活動等に伴う水損、物損、住民の受傷事故等、様々な事案、事象が発生するリスクがある。ここでは、消防活動に伴う水損、物損及び住民の受傷事故等に起因する苦情等の未然防止に内容を絞って説明する。

図5-3 リスク管理

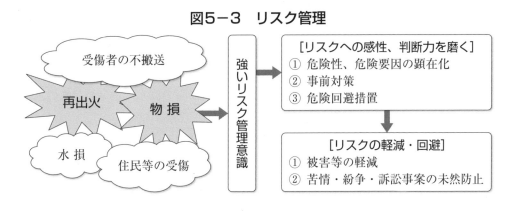

第1 リスク管理の心構え

大隊長は、「隊員等の重大な受傷事故、水損、物損、再出火及び消防活動に伴う住民の受傷事故等を発生させない。」との強い使命感、信念のもとに、現場のリスク管理に積極的に取り組むことが大切である。また、万が一にも事故、事案等が発生した場合には、現場の責任者として必要な対応を迅速かつ適切に行い、事故防止、被害の軽減及び拡大防止等を図り、組織と住民等の期待に応えていくことが重要である。

1 リスク管理への取組

(1) 強いリスク管理意識を持って現場に臨む

大隊長は、現場の責任者として、常にリスク管理意識、問題意識を持って火災現場に臨み、火災現場を管理するが、大隊長の事故、事案等の未然防止に向けた積極的な

取組こそが、最大のリスク管理といえる。

Point 5-9　消防活動のリスク対応の例

項　目	リスク対応事例
1　一般人の受傷	①　通行人が消火栓に転落 ②　ホースにつまずき転んで受傷 ③　道路横断のホースでバイクが転倒し受傷 ④　三連はしご搬送時に先端が住民にあたり受傷 ⑤　消防隊の放水を受け受傷 ⑥　救出中に三連はしごから要救助者が転落し受傷
2　物損	①　破壊物片による駐車車両の損傷 ②　駐車車両に三連はしごが接触し損傷 ③　ホース延長時に庭の芝生を踏み荒らし植木に損害 ④　居室内に土足で入りじゅうたん等を汚損 ⑤　隣接建物のシャッター破損
3　水損	①　過剰注水による火点下階への水損 ②　室内に延長したホースからの漏水で電気製品等の水損（使用不能）
4　再出火防止	①　十分に残火を確認しないで鎮火を判断。ホース撤収後に残火を確認。 ②　鎮火後に再出火
5　その他	①　消火水の凍結による転倒、事故（人、オートバイ、自動車等） ②　交通への支障

(2)　リスクへの感性を磨く

　火災現場において、事故、事案等の未然防止や発生時の対応を的確に行うには、火災現場のリスクに機敏に反応する感性が求められる。大隊長には、リスクを的確に予測できる洞察力、着眼力、直感力等を磨いておくことが重要である。

　このためには、過去において発生した、隊員等の重大な受傷事故、再出火、水損、物損及び一般人の受傷事故等を「他山の石」として、体験に近いかたちで積極的に身に付け、リスクへの感性、判断力等を高めていく必要がある。特に、現場経験が少ない大隊長には、過去の事故、事案等の課題、教訓等を幅広く知るための取組が大切である。

　また、火災初期の延焼状況の写真が、火災の原因調査や近隣住民との消防活動をめぐる紛争解決に寄与した事例等があるので、情報員の写真撮影能力の向上への動機付けを図っておくことも大切である。

(3) リスク管理の実践

リスク管理は、安全管理と同様に、頭では理解していても実践されなければ何ら意味がなく、リスク管理を適切に行うには、リスク管理のプロセスを十分に意識して実践することが大切である。

大隊長には、強いリスク管理意識を持って現場に臨み、危険性、危険要因を顕在化し、事前対策及び危険回避措置等を講じて、リスクの軽減及び回避を図る任務がある。

平素から水損、物損、一般人の受傷事故、再出火及び隊員の重大な受傷事故等へのリスク管理能力の向上を図り、事故、事案等の未然防止及び発生時の対応等が組織的に行われるように、実行性を担保しておくことが大変重要である。

図5-4 リスク管理のプロセス

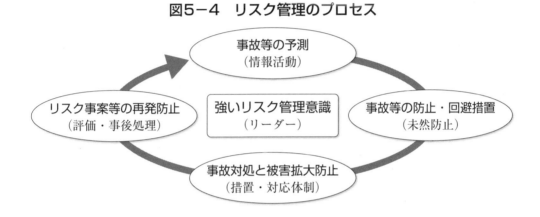

2 苦情等の未然防止と発生時の対応

(1) 苦情等の未然防止

ア 苦情等の要因となる事故、事案等の未然防止

消防活動に係る住民の苦情等は、消防活動に伴い発生する水損、物損、住民の受傷事故、再出火及び隊員の言動等に起因するもののほかに、災害時要配慮者に配慮した活動等、消防への期待等に起因するものを含め、広範囲にわたる。

消防活動への苦情等の未然防止には、まず苦情等の要因となる事故、事案等の未然防止を図る必要がある。このためには、過去の苦情等の事例、教訓を基に、中小隊長及び隊員のリスクへの感性、判断力の向上を図り、苦情等の発生につながる要因（事象、事案）等を早期に感知させ、また、速やかに指揮本部に報告させて、事故、事案等の未然防止を図らせる。

イ チームとしてのリスク管理の実践

苦情等の未然防止の一つの例だが、ぼや火災で室内に入る場合に、じゅうたん、畳等の汚損等に配慮して、防水シートの展張や長靴を脱いで上がる対応ができてい

る隊は、中小隊長のリスク管理への徹底が図られていると判断できる。このように、苦情等の未然防止には、中小隊長を中心に、チーム（隊）として、リスク管理を強く意識した対応が求められる。

　大隊長は、リスク管理がチーム（隊）として実践されるように、リスク管理への意識改革を粘り強く進めていくとともに、中小隊長に対しては、自己隊の消防活動により苦情等を発生させることがないように、隊員相互の活動、行動チェックを徹底させて、チームとして苦情等につながる事故、事案等の未然防止に努めさせる。

(2) **苦情等の発生時の対応**

　ア　苦情等への迅速な対応

　　火災現場における苦情等は、隊員からの報告や関係者及び住民等からの意見、苦情等によって顕在化する。過去の事例では、被災者及び被害者等が現場で隊員に意見、苦情等を伝えたが、これに対して何ら必要な対応や措置等が行われなかったために、しびれを切らした被災者、被害者等が指揮本部に怒鳴り込んできた事案もある。消防の対応によっては、意見、苦情等から紛争及び訴訟事案に発展する可能性もあるので、十分留意する。

　　住民等から意見・苦情等があった場合には、些細（ささい）なことでも中小隊長又は指揮本部に速やかに報告する習慣付けと、対応にあたっては、相手方は火災の被害者との認識に立って、誠意を持って迅速に対応するなどの基本的な姿勢、対応要領等について徹底を図っておく。

　イ　事故、事案等発生時の対応

　　関係者及び住民等から意見、苦情等があった場合には、直ちに関係する中小隊長等から状況を聴取して現場を確認するとともに、情報担当（員）に対して事故、事案等への対応を迅速に行わせ、相手方に不信感を与えないように十分配意する。

　　また、大隊長は、事故、事案等の発生及び被害の状況等を総合的に把握して、組織的な対応が必要と判断した場合には、大隊長自らが警防本部、署隊本部等に報告するとともに、担当者を指定して事実関係の調査、記録等を行わせる。

第2　リスク事案への指揮対応

　リスク事案、事象等への指揮対応には、リスクへの幅広い対応能力とリスクの軽減、回避に向けた統率力の発揮が求められる。

　ここでは、水損、物損、住民の受傷事故及び職員の重大な事故等のリスク事案への対応要領について確認する。

1 水損防止への指揮対応

(1) 水損防止の徹底

水損が問題となる事案は、ぼや火災、部分焼の火災及び耐火造建物火災等で多く発生している。

これらの火災時には、特に中小隊長及び筒先保持の隊員に対して水損防止に配慮した注水等を指示し、水損防止の徹底を図らせることが大切である。

また、水損被害の苦情等の多くは、消火水による影響(水損)が出ているのに、水損防止の措置が未実施の場合に寄せられているので、情報担当(員)に消火水による影響を早期に把握させて、消火水による影響が予測され、又は既に火点下階等に水損が発生している場合には、防水シートの展張等の水損防止措置を迅速に行わせる。

(2) 水損事案への対応

水損被害の苦情等の報告を受けた場合には、直ちに水損の状況、水損範囲等の確認を行い、迅速に水損防止措置を行わせるとともに、関係者対応の責任者を指定して、対応窓口の一本化を図る。水損範囲等の確認にあたっては、関係者に同行を求め、必要な消火活動であった旨を説明し、理解を求めておくことが大切である。

2 物損防止への指揮対応

(1) 物損による苦情等の未然防止

物損に係る苦情等の多くは、水損事案と同様に、ぼや及び部分焼の建物火災で多く発生している。物損の苦情には、消防活動に伴う庭内の植木、芝生等の損傷、室内進入時のじゅうたん等の汚損、室内延長ホースからの漏水等による水損及び破壊活動時の破壊物片による駐車車両等の損傷等がある。これらの苦情等の未然防止には、まずこれらの事案、事象等が生じないよう必要な措置等を事前に講じさせて活動を行わせることが大切であり、これらの配慮を欠いた場合に苦情等となることから、大隊長は、各中小隊長及び隊員に対して物損の未然防止に十分に注意させ、徹底を図らせる。

物損による苦情等の未然防止は、物損につながる予兆等を早期に発見して対処することが大変重要である。大隊長は、現場管理の一環として定期的に現場を巡視する中で、物損につながる可能性のある活動や兆候等の確認に努め、必要な措置等を講じさせる。また、現場引揚げ時には、消防隊が進入した敷地内を含めて物損の有無の確認を行うとともに、被災者、住民等に声を掛けて被害の有無及び住民の感情、動向等の把握に努める。

(2) 物損事案への対応

消防活動に伴う物損の苦情等の報告を受けた場合には、直ちに現場に駆け付けて事

実確認を行い、関係者に対しては、消火活動のため迅速なホース延長等が必要であった旨を具体的に説明し、理解を求めておくことが大切である。

紛争等に発展するおそれのある事案等については、担当者を指定して事実関係の調査等を下命するとともに、関係者対応の責任者を指定して、対応窓口の一本化を図らせる。

なお、物損事案等発生時には、法令に準じた措置等を念頭に置いて対応するものとする。

3 住民、通行人等の受傷事故防止への指揮対応

(1) 住民、通行人等の受傷事故の未然防止

ア 消防警戒区域内への進入規制の広報等の徹底

消防活動中の隊員との接触、延長ホースへのつまずき転倒等による住民、通行人等の受傷事故は、消防警戒区域内への進入規制や、ホースへのつまずき防止等の住民、通行人等に対する広報を徹底することによって防止し、軽減することができる。

住民、通行人等の受傷事故の防止にあたっては、火災建物周辺の住民、通行人等の動向を踏まえ、消防警戒区域への進入禁止の現場広報を徹底させるとともに、住民、通行人等が警戒区域内にいる場合には、警察官等に消防警戒区域外への退去、区域内への進入禁止等への協力を要請して、住民、通行人等の受傷事故の未然防止を図る。特に、高齢者、子供等が現場付近にいる場合には、事故防止について注意を喚起する。

イ 現場巡視等による危害防止措置等の確認

大隊長は、現場管理の一環として現場を巡視する中で、消火栓転落防止の防護措置、警戒線設定時の標示テープ等による明示及び進入規制等の徹底状況を確認して、住民、通行人等の受傷事故の未然防止に努める。

(2) 受傷事故発生時の対応

ア 受傷程度、事故原因等の確認

住民、通行人等の受傷事故発生の報告を受けた場合には、直ちに現場に急行して受傷状況及び受傷程度を確認するとともに、受傷者の言動及び隊員等の報告内容か

ら消防活動に起因する事故か否かを判断（推定）し、その旨を現場電話等により警防本部に即報させる。

特に、消防活動に起因して発生した受傷事故か否かの判断は大変重要であり、判断にあたっては慎重な対応が求められる。過去の火災現場における一般人の受傷事故の事例等を検討して、判断能力の向上を図っておくことが大切である。

イ　受傷者を早期に医療機関に搬送

受傷程度の軽重に関わらず、早期に傷病者を医療機関に搬送させる。なお、救急隊には、医療機関到着（診断）後に受傷程度等を指揮本部に報告するよう指示するとともに、必要により職員を同車させ、傷病者の対応にあたらせる。

ウ　事故状況等の調査及び関係者対応

住民、通行人等の受傷事故の対応にあたっては、事故処理担当者を指定して、目撃者の有無、目撃内容、事故に至った状況、経過等の把握と事実関係等の調査を下命する。また、関係者対応については、情報担当を責任者に指定して、窓口の一本化を図り、受傷経過の把握や指揮本部、署隊本部、警防本部との連絡及び情報管理等にあたらせる。

なお、受傷事故概要、受傷程度、搬送医療機関名及び関係者対応の状況については、必要により大隊長自ら現場電話等で署隊本部及び警防本部に報告する。

4　職員の重大な事故発生時の指揮対応

(1)　事故発生直後の対応

ア　受傷程度の確認と警防本部への即報

中小隊長等から隊員の重大な受傷事故の報告を受けた場合には、直ちに現場に直行して事故の状況と受傷程度等を確認し、警防本部、署隊本部への即報を指示する。また、警防本部等への即報にあたっては、詳細を大隊長自ら現場電話により報告する。

イ　受傷隊員の救護、搬送を下命

隊員等の重大な受傷事故発生時には、直ちに救急隊員に受傷隊員の救護、搬送を下命し、医療機関搬送時には、救急隊長に対して医療機関到着（診断）後に受傷程度等を報告するよう指示するとともに、職員（消防司令補等）を救急車に同乗させ、又は医療機関に派遣して情報管理にあたらせる。

ウ　事故等の再発防止の徹底

受傷原因から部隊、隊員の活動及び行動等を統制する必要がある場合には、直ちに活動（作業）危険及び措置内容を周知するとともに、安全監視等を強化して事故等の再発防止を図る。

(2) **事故状況等の調査**

　隊員等の受傷事故対応にあたっては、情報指揮隊長又は担当者（消防司令等）を指定して、事故に至った状況、経過等の情報収集と事実関係等の調査を下命するとともに、搬送医療機関にいる職員からの受傷者の経過、傷病程度等の確認と指揮本部、警防本部等との連絡にあたらせる。

(3) **情報の統制管理**

　大隊長は、隊員等の受傷事故発生時に情報統制が必要であると判断した場合には、情報指揮隊長又は情報管理責任者（消防司令等）を指定して、取材対応等の窓口の一本化を図り、活動中の隊員等への個別取材等を規制させ、必要により中隊長等を指揮本部に招集して、その徹底を図らせる。また、必要により、情報指揮隊長等に警察対応及び報道対応等を行わせる。

5　その他のリスク管理への指揮対応

(1) **再出火防止への対応**

　再出火の防止については、第4章、第2節、第3「2　再出火防止等」で説明したが、残火処理の重要性を十分に意識して、残火処理基準に基づく残火処理をいかに徹底させるかに掛かっているといっても過言ではない。特に、ぼや、部分焼火災等の残火処理活動では、赤外線カメラの活用、再出火の原因となる布団等の屋外への搬出等を含め、残火処理基準（要領）に基づき、徹底した残火処理を行わせることが重要である。

　鎮火の判断にあたっては、大隊長自ら残火処理状況を確認するとともに、関係者等に対する説示書の交付及び必要により鎮火後の監視警戒等を行わせ、再出火防止の徹底を図らせる。

(2) **社会死状態の傷病者への対応**

　大隊長は、焼死者発見等の報告を受信した場合には、直ちに現場確認を行うとともに、救急隊長等に観察を行わせ、社会死状態と断定できない限り救命処置を実施して、早期に医療機関へ搬送する。

　また、社会死状態と判断した場合は、警防本部へ状況を報告するとともに、礼を失しないよう、また、粗雑に扱わないよう配意するとともに、家族へも哀悼の意を表すようにする。特に、衆人環視の中においては、毛布等により被覆するなどして保護に配意する。

　なお、社会死の判断については、「救急活動時における適正な観察の実施について」（平成26年2月24日消防救第36号消防庁救急企画室長）で、「救急業務において傷病者が明らかに死亡している場合の一般的な判断基準（消防実務質疑応答集から抜粋）」

が示されている。

Point 5-10　救急業務において傷病者が明らかに死亡している場合の一般的な判断基準

(1)　意識レベルが、300であること。（痛み刺激に反応しない）
(2)　呼吸が全く感ぜられないこと。
(3)　総頸動脈で脈拍が全く触知できないこと。
(4)　瞳孔の散大が認められ、対光反射が全くないこと。
(5)　体温が感ぜられず、冷感が認められること。
(6)　死後硬直又は、死斑が認められること。
　※以上の全てが該当した場合

別添 大隊長(指揮隊)の指揮対応チェック表

以下、活動方針、指揮対応等の例である。

活動項目				状況判断・指揮対応	備考
Ⅰ 出場時の措置	1 出場火災の危険性の推定	(1)	気象状況からの危険性の推定	① 火災警報発令時等の危険性(乾燥による延焼拡大危険) ② 強風時の危険性(強風による延焼拡大危険) ③ 降雪時等の危険性(消防活動の遅延による延焼拡大危険)	
		(2) 出場指令からの危険性の推定	ア 出場指令番地からの危険性の推定	① 危険区域等の該非と危険性の確認 ・危険区域(木造建物密集等) ・消防力の一方偏集区域(道路狭隘、軌道敷、傾斜地等) ・道路工事等による通行障害の確認 ② 特殊消防対象物警防計画の樹立の該非と危険性の確認 ・警防計画の樹立理由(人命危険、延焼拡大危険、活動(作業)危険) 　a 多数の人命危険 　　・超高層建物、地下街、不特定多数を収容する建物等 　b 延焼拡大危険 　　・木造大規模建物、倉庫、工場等 　c 活動(作業)危険 　　・毒・劇物関係施設、定温・冷蔵倉庫、産業廃棄物処理施設等 ③ 署所の直近火災の該非 ・車両に乗車しての出場の徹底 ・駆け付け通報者を確保(所在、火点、延焼状況等の確認)	
			イ 建物用途、構造等からの危険性の推定	① 建物用途の危険性 ・人命危険(百貨店、ホテル、病院、風俗施設等) ・延焼拡大危険(木造大規模建物、倉庫、工場等)	

活動項目				状況判断・指揮対応	備考
Ⅰ	1	(2)	イ	・活動（作業）危険（倉庫、工場、毒・劇物貯蔵施設等） ② 建物構造の危険性 ・木造、防火造建物の危険性 ・耐火造建物の危険性 ③ 出火階、出火場所等の危険性	
			ウ 付加指令内容等からの危険性の推定	① 延焼状況（黒煙噴出、延焼中の模様、爆発音の情報あり等） ② 逃げ遅れ者等の情報（逃げ遅れ者の有無等） ③ 隣接建物の情報（病院、耐火造建物等）	
	2 出場途上の措置	(1)	出場隊の確認	① 救助指定中隊、先着隊、はしご隊、救助隊等の出場部隊の確認 ② 出場隊の遅延報告の受信と遅延による影響の確認	
		(2)	出場途上の危険性の推定	① 積載資料の確認（警防計画、警防対策等の資料） ② 付加指令内容、無線情報の受信 ③ 無線情報等の追跡確認（警防本部、署隊本部への依頼）	
		(3) 危険性の周知・途上命令	ア 異常気象時の場合	① 部隊への周知 ・異常気象下である旨の注意を喚起 ② 途上命令（延焼状況等から必要な場合） 　a 火災警報、乾燥注意報等の発令及び強風時等 　・多口放水による早期の筒先包囲 　・余裕ホースで広い注水範囲を確保 　・大口径ノズル、放水銃（燃焼し烈な場合）等の活用 　b 降雪時等 　・降雪、凍結等による転倒、落下等の事故防止	
			イ 危険区域等の場合	① 部隊への周知 ・危険区域の該非と指定理由（危険区域「木造建物密集」） ② 途上命令（延焼状況等から必要な場合） ・多口放水による早期の筒先包囲 ・大口径ノズル、放水銃等の活用	

活動項目				状況判断・指揮対応	備考
I	2	(3)	ウ 消防力の一方偏集区域	① 部隊への周知 ・消防力の一方偏集区域の該非と指定理由（道路狭隘、軌道敷、傾斜地等） ② 途上命令（延焼状況等から必要な場合） ・後着隊の進入に配慮した車両部署 ・ホース延長による火点を迂回しての早期筒先配備	
			エ 警防計画等樹立対象の場合	① 部隊への周知 ・警防計画等樹立対象の該非と樹立理由（多数の人命危険、延焼拡大危険、隊員の安全管理、消防活動上の重大な支障） ② 途上命令（延焼状況等から必要な場合） 　a 多数の人命危険(ホテル、病院、百貨店等) 　・人命検索、救助活動及び避難誘導を最優先 　b 延焼拡大危険（木造大規模建物、高層建物等） 　・大口径ノズル、放水銃の活用（木造大規模建物等） 　・防災センターの活用 　c 活動（作業）危険（倉庫、産業廃棄物処理施設、地下室等） 　・屋内進入の統制、隊員の行動統制 　・注水危険等がある場合の注水統制 　　（計算機センター、禁水性物質を貯蔵する倉庫等）	
			オ 逃げ遅れ者情報がある場合	① 周知徹底 ・逃げ遅れ者の場所、人数等 ② 途上命令（必要と判断される場合） ・逃げ遅れ者の検索、救助を最優先 ・救助指定中隊への活動支援	
		(4)	指揮隊、現場到着直前の措置	① 各指揮隊員の任務等の再確認 ② 現場接近時の救助指定中隊長等の携帯無線の受信 ③ 現場到着時の初動対応への備え ・実態把握、状況報告、活動方針、応援要請及び初期の部隊指揮等	

活動項目			状況判断・指揮対応	備考
Ⅱ 現場到着時の措置	1 火災実態の把握	(1) 火点一巡による把握	① 実態把握の基本 ・状況報告（指揮隊到着後概ね5分以内）を目標に把握 ・指揮担当と分担 ② 木造、防火造建物火災の実態把握 ・逃げ遅れ者情報の把握（関係者の早期確保） ・延焼状況の把握（火点建物、周囲建物の延焼拡大危険、延焼棟数、面積等） ・救助指定中隊、先着隊等の活動状況の把握 ③ 耐火造建物火災の実態把握 ・出火階、用途、延焼状況（外観）等の把握 ・逃げ遅れ者情報の把握（関係者の確保、建物用途等） ・進入の困難性及び屋内、屋外からの進入手段等の確認	
		(2) 救助指定中隊長等からの報告聴取	① 火災状況（延焼状況、逃げ遅れ者の状況、活動（作業）危険等） ② 活動概要（人命検索、救助活動、筒先配備等の状況） ③ 応援要請、警戒区域設定等の措置内容	
		(3) 関係者等からの情報収集	① 関係者の確保状況の確認 ② 関係者からの聞き込み ・逃げ遅れ者情報、延焼状況、活動（作業）危険等 ③ 関係者の活用 ・施設関係者、防災センター要員等の活用 ・倉庫等施設関係者不在時に、会社等への関係者の現場派遣要請を警防本部、署隊本部に依頼	
		(4) 収集情報の指揮本部への報告の徹底	① 逐次報告の習慣化 ② 報告の受報時に、更に必要な情報収集を指示、下命	
		(5) 情報収集の効率化	① 指揮本部で必要な情報の明示 ・消防活動に必要な情報 ・収集情報の共有（重複収集の排除等） ② 情報活動の管理	

活動項目			状況判断・指揮対応	備考
Ⅱ	1	(5)	・収集情報の個人的処理の排除（報告の徹底） ・収集情報の信ぴょう性、質の向上（追跡確認の徹底）	
		(6) 指揮本部による逃げ遅れ者情報等への対応	① 逃げ遅れ者情報等の特性の理解 ・情報源のない情報は、重要情報を見逃すおそれ ・憶測情報は、誇張され、変質しやすい ② 収集情報等の適正な管理 ・情報源のない情報の排除、追跡確認 ・情報への過信を避け、収集情報の洗い直し ・情報の変質防止（憶測情報の発信者、理由等の確認）	
	2 状況判断・状況報告	(1) 状況判断 （・人命危険 ・延焼拡大危険 ・活動(作業)危険）	① 状況判断の基本 ・人命危険、延焼拡大危険、活動（作業）危険を判断 ・状況報告、活動方針、応援要請等に反映 ・人命検索、消火活動等の指揮対応に反映 ② 延焼拡大危険の判断 　a　木造、防火造建物火災 　　・火点建物の延焼拡大危険 　　・火点建物から周囲建物への延焼拡大危険 　　・危険区域内の火災、異常気象時等の延焼拡大火災 　　　（早期に第二出場応援要請の判断） 　b　耐火造建物火災 　　・建物用途、出火階、出火場所等 　　・延焼状況、火炎噴出状況（上階への延焼等） 　　・建物内の延焼拡大危険 　　　（階段、エレベーター等昇降路、ダクトスペース、パイプスペース等のたて穴区画及び防火区画の扉、ダクト、配管貫通部等） ③ 人命危険の判断 　a　逃げ遅れ者情報がない場合 　　・逃げ遅れ者がいるとの前提 　　・人命検索活動は、火点室を重点 　b　逃げ遅れ者情報がある場合	

		活動項目	状況判断・指揮対応	備考
Ⅱ	2	(1)	・逃げ遅れ場所が特定されている（情報のある場所を重点） ・逃げ遅れ場所が特定されていない（火点室を重点） 　c　逃げ遅れ者なしの判断 ・本人、同居の家族から全員の避難確認が取れた場合 ・人命検索活動の結果、逃げ遅れ者がない場合 ④　活動（作業）危険の判断（現場到着直後） ・屋内への進入危険（倉庫、工場、林場等） ・フラッシュオーバーの危険 ・危険物、毒・劇物等の貯蔵物質の危険	
		(2) 状況報告	①　指揮隊現場到着後、概ね５分以内の状況報告の徹底 ②　状況報告の項目 　a　木造、防火造建物火災 ・所在、構造、階層、用途、延焼棟数、延焼拡大危険方向等 ・状況報告の例「災害〇〇、〇〇区〇〇町〇丁目〇番〇号、ブロック内火災にして、住宅〇階より激しく火炎噴出中、周囲に延焼拡大危険大」 　b　耐火造建物火災 ・所在、構造、階層、用途、延焼階、特異な事象等 ・状況報告の例「災害〇〇、共同住宅にして、〇階、ベランダより、火煙激しく噴出中、上階に延焼拡大危険大」	
	3　活動方針と指揮対応	(1) 活動方針の基本	①　火災実態に対応した、活動方針の迅速な決定（活動方針のパターンの作成、活用） ②　活動方針、消防活動の重点に沿った指揮対応（指揮対応モデルの作成、活用）	
		(2)　ア　救助を求めている場合	①　活動方針 　活動方針例　「助けを求めている者の救助を最優先」 ②　指揮対応	

活動項目				状況判断・指揮対応	備考
Ⅱ	3	(2) 人命危険がある場合	ア	a　逃げ遅れ者への危険切迫時の援護注水、危害防止措置等 b　他の逃げ遅れ者の有無、人数、場所等の確認 c　屋内及び屋外からの人命検索、救助活動等の下命 d　人命検索、救助活動に部隊を集中 e　特別救助隊等必要部隊の早期応援要請 f　救助指揮体制の早期確立 　・大隊長の直接指揮又は出張所長等を局面指揮者に指定 g　組織的な救助活動に配意 　・救助活動隊相互の連携 　・救出活動における隊員等の安全管理 　・救出時の救護、搬送体制の確保	
			イ　逃げ遅れ者情報がある場合	① 活動方針 　活動方針例「逃げ遅れ者の検索、救助を最優先」 ② 指揮対応 　a　逃げ遅れ場所、人数等の確認 　b　逃げ遅れ場所の人命検索活動状況の確認 　c　屋内及び屋外からの人命検索、救助活動の下命 　d　人命検索、救助活動に部隊を集中 　e　特別救助隊等必要部隊の早期応援要請 　f　人命検索活動の指揮体制の早期確立 　　・大隊長の直接指揮又は出張所長等を局面指揮者に指定 　g　組織的な活動に配意 　　・人命検索活動隊相互の連携 　　・人命検索活動時の隊員等の安全管理 　　・救出時の救護、搬送体制の確保	
			ウ　逃げ遅れ者情報がない、又は不明な場合	① 活動方針 　活動方針例「火点室の人命検索活動を重点」 ② 指揮対応 　・救助指定中隊等の人命検索活動状況の把握と活動の補正、補完	

活動項目				状況判断・指揮対応	備考
Ⅱ	3	(2)	ウ	・人命検索活動体制の早期確立（特別救助隊等の投入） ・必要により救助指定中隊への活動支援の下命	
		(3) 延焼拡大危険がある場合	ア 木造・防火造建物街区火災で周囲に延焼拡大危険がある場合	① 活動方針 活動方針例 「ブロック○火災にして、（周囲又は方位）への延焼阻止を最重点」 ※○印：角、面、内 ② 指揮対応 　a 救助指定中隊等の筒先配備状況の把握と活動の補正、補完 　b 延焼拡大危険が大きい周囲建物への筒先配備の下命 　・筒先配備の原則：背面、側面、側面の順 　c 早期の筒先包囲体制の確立 　・筒先の未配備建物、不足箇所への迅速な筒先配備	
			イ 危険区域内で延焼拡大危険がある場合	① 活動方針 活動方針例 「多口放水による早期の筒先包囲を重点」 ② 指揮対応 ・各隊、多口放水（複数の筒先配備）の実施（火勢熾烈：大口径ノズル、放水銃等の活用） ・早期の筒先包囲（筒先の未配備建物等への優先配備） ・延焼中の場合は、早期に第二出場の応援要請を判断	
			ウ 消防力の一方偏集区域内で延焼拡大危険がある場合	① 活動方針 活動方針例 「ホースの迂回延長による早期筒先包囲を重点」 ② 指揮対応 ・後着隊の進入経路の確保（道路狭隘等） ・ホース延長により火点を迂回しての早期の筒先包囲（筒先の未配備建物等への優先配備） ・延焼中の場合は、早期に第二出場の応援要請を判断	

活動項目				状況判断・指揮対応	備考
Ⅱ	3	(3)	エ 隣接耐火造建物に延焼拡大危険がある場合	① 活動方針 活動方針例 「火点（方位）側、隣接耐火造建物への延焼阻止を重点」 ② 指揮対応 　a 隣接耐火造建物への延焼拡大危険の確認及び周知 　b 延焼拡大危険の排除 　　・予備注水、建物内の延焼媒体の除去、シャッター・防火戸の閉鎖等 　c 活動体制の確立 　　・警戒筒先の配備（延焼拡大危険箇所となる階、室等） 　　・呼吸器、投光器、破壊器具等必要資器材の準備 　　・屋内消火栓等の活用	
			オ 耐火造建物火災で上階に延焼拡大危険がある場合（共同住宅、ビル等）	① 活動方針 活動方針例 「火点上階への延焼阻止を重点」 ② 指揮対応 　・火点室への筒先配備は屋内、屋外からの二面対応（進入統制の徹底） 　・連結送水管、はしご車の活用 　・火点室の直上室及び左右室への早期警戒筒先の配備 　・水損防止に配意し、注水統制と水損防止措置	
			カ 耐火造建物火災で火点不明等の場合	① 活動方針 活動方針例 「火点検索を重点」 ② 指揮対応 　a 火点検索場所、検索範囲の推定 　　・最先到着中隊長及び関係者等から状況を聴取 　　・防災センター、自動火災報知設備受信機等での感知器作動状況の確認 　　・薄煙のある最下階を火点階と推定 　b 火点検索体制の確立 　　・部隊及び場所を指定し、火点検索を下命	

活動項目				状況判断・指揮対応	備考
Ⅱ	3	(3)	カ	c　指揮本部による火点検索及び到着部隊の統制 　・火点検索状況の把握、検索範囲の絞込み 　・到着部隊への任務付与、待機等の下命 d　火点検索は、常に火災及びダクト火災等を念頭に指揮 e　火災時の即応態勢の確保 　・連結送水管への送水態勢の確認 　・消火器、屋内消火栓による臨機の消火対応 　・ポンプ隊及びはしご隊等の有事に備えた待機	
				【火災と確認された場合の指揮対応】 ①　活動方針 　[活動方針例]「火災の早期鎮圧を重点、水損防止に配意せよ。」 ②　指揮対応 　・火災階及び延焼状況の確認（大隊長自ら確認） 　・消火活動の下命と出場隊への延焼状況の周知 　・水損防止に配意した消火活動の徹底	
				【ダクト火災と確認された場合の指揮対応】 ①　活動方針 　[活動方針例]「ダクト火災につき、指揮本部の統制下での活動を重点」 ②　指揮対応 　a　延焼拡大危険範囲の把握 　　・自動火災報知設備受信機の表示確認 　　・ダクト系統及び防火ダンパー等の作動状況の確認 　　・空調設備停止の確認 　　・各階の噴煙、延焼箇所及び延焼経路の確認 　b　消火活動の管理 　　・各階への筒先及び警戒筒先の配備を下命（隊を指定）	

活動項目				状況判断・指揮対応	備考
Ⅱ	3	(3)	カ	・筒先配備等に連結送水管、はしご車等を活用 ・火煙等の急激な拡大に備え、退路を確保した活動 ・水損防止に配慮 　c　ダクト火災である旨を警防本部に報告、部隊への周知 　d　活動体制の確立 　・隊長等を指揮本部に招集し、活動方針、任務等を下命 　・はしご隊等必要部隊の早期応援要請	
		(4)	現場到着時に火点建物への進入危険がある場合	①　活動方針（進入危険の周知） 　活動方針例 「進入危険あり、隊員の安全管理を重点とする。」 ②　指揮対応 　・屋内進入隊を指定し、指定隊以外の隊の進入統制 　・進入禁止の周知徹底（車載拡声器、携帯無線機等） 　・進入隊長に対し、隊員の行動統制、活動内容等の指揮本部への報告の徹底及び緊急時の退路確保の徹底 　・安全管理隊の隊員を建物入口に配置し、進入統制の実効性を確保	
	4　応援要請の判断等	(1)	第二出場応援要請の判断	①　延焼棟数、焼損面積、要請時期等の判断 ②　異常気象時、危険区域等の場合は早期の応援要請	
		(2)	指揮隊の応援要請	①　応援指揮隊の応援要請 　・局面指揮、前進指揮所等の指揮分担が必要な場合 ②　情報指揮隊の応援要請 　・逃げ遅れ者、けが人等が多数いる場合 　・警防計画等樹立対象の延焼火災 　・消防行政上問題があると予測される火災 　・報道機関の取材が予想される火災 ③　指揮隊（情報指揮隊、応援指揮隊）の応援要請 　・安全管理担当隊長が必要な場合	

			活 動 項 目	状 況 判 断 ・ 指 揮 対 応	備考
Ⅱ	4	(3)	特殊車（隊）等の応援要請	① 特殊車（隊）の応援要請 ・はしご隊、特別救助隊、救急隊、照明電源車、屈折放水塔車、排煙高発泡車、補給車等 ※ 特別出場（救助特別、救急特別等）の応援要請の判断 ② 資器材の応援要請 ・空気呼吸器ボンベ、防水シート、冷却ベスト等	
		(4)	飛火警戒隊の応援要請	① 飛火警戒隊の応援要請（火の粉が激しく飛散しているとき等） ② 応援隊数、警戒範囲（方位と距離）	
		(5)	充水隊の応援要請	① 防火水槽部署隊から要請 ・防火水槽部署時の早期の充水手配と充水要請の徹底 ② 放水継続の状況を確認	
		(6)	電気、ガス事業者の応援要請	① 警防本部の要請状況の確認 ② 必要時に要請	
Ⅲ 火災初期の対応	1 部隊指揮	(1)	部隊の進入管理	① 複数の進入経路の確保 ・屋内、屋外からの火点室への進入経路の確保 ② 屋内、屋外両面進入時の活動管理 ・はしご車の進入路、部署位置の確保 ・指揮本部の統制下での進入管理（特に耐火造建物） ・火点室への進入、注水時の事前報告の徹底 ③ 濃煙熱気内進入時の安全確保の徹底 ・筒先の携行、身体防護措置（防護衣、空気呼吸器、携帯警報器等の装着）等 ・ドア開放時、火炎等の噴出、吹き返し等に注意 ・命綱、退路等の確保、進入隊員との連絡方法の確認	
		(2)	人命検索活動の指揮	① 人命検索、救助活動着手状況の確認及び活動の補正、補完	

		活動項目	状況判断・指揮対応	備考
Ⅲ	1	(2)	・人命検索活動の優先順位（情報のある場所、火点室等） ・人命検索活動体制（進入場所、検索班の編成状況等） ・火災最盛期等で進入不能時の活動体制の確認 ② 救助指定中隊の人命検索活動の支援（隊の指定） ③ 部隊の集中及び必要隊の応援要請	
		(3) 消火活動の指揮	① 先着隊の火点建物等への筒先配備状況の確認及び活動の補正、補完 　a 街区火災の筒先配備 　　・ブロック角火災は両側面 　　・ブロック面火災は背面、両側面 　　・ブロック内火災は延焼拡大危険の大なる面から筒先配備 　b 建物内の筒先配備は２階、１階の順 　c 周囲建物、隣接耐火造建物への警戒筒先の配備 ② 先着隊及び後着隊への筒先配備の下命 ・先着隊の筒先は延焼拡大危険の最も大きい面 ・後着隊の筒先は筒先の不足している面 ③ 早期の筒先包囲 ・筒先の未配備建物、不足箇所への迅速な筒先配備	
	2 指揮本部の運営	(1) 指揮本部運営体制の早期確立	① 指揮本部の設置及び周知 ・延焼火災時は速やかに設置（防災センターがある場合：防災センターに設置） ・指揮本部設置の周知 ② 指揮本部設置時のポイント ・指揮本部長の位置の明確化 ・部隊との指示、命令、報告等の活性化 ・火災及び活動状況等の情報共有	
		(2) 指揮権の移行及び移行時の対応	① 上位指揮者への災害及び活動状況等の報告 ② 指揮権移行の具申 ③ 指揮権移行の周知、指揮本部長の補佐	

		活動項目	状況判断・指揮対応	備考
Ⅳ 火災中期の対応	1 部隊指揮	(1) 人命検索活動の管理	① 人命検索活動範囲の絞込みを重点 ② 重点検索箇所に部隊を投入 ③ 逃げ遅れ者情報の追跡確認と人命検索活動への反映	
		(2) 消火活動の管理	① 延焼拡大阻止を重点 　a　木造・防火造建物火災 　　・筒先の未配備建物、不足箇所への迅速な筒先配備による早期の筒先包囲 　b　耐火造建物火災 　　・上階等への早期の筒先及び警戒筒先の配備 ② 水損に配慮した注水、下階等への消火水の影響の把握 　・効果的な注水及び注水統制 　・階下の消火水の影響確認及び水損防止措置等の指示 ③ 延焼防止見込みの判断	
	2 指揮本部の運営	(1) 部隊の活動状況の掌握	① 現場指揮板による活動状況等の確認 　・部隊の活動（筒先配備）状況、逃げ遅れ者情報等の把握 　・人命検索活動完了室（場所）及び避難確認者等の掌握 ② 第二出場隊等への円滑な任務下命 　・第二出場隊到着までに、指揮本部長と任務付与等の事前の確認（筒先の配備先、重点箇所等）	
		(2) 消防活動効果を踏まえた指揮本部運営	① 重点場所への部隊投入 ② 消防活動の効果を活動方針及び指揮対応に反映 ③ 延焼防止見込み以降の指揮対応の検討 　・延焼防止の時期と鎮圧、残火処理体制への移行時期等 　・交通復旧への対応（幹線道路、バス路線等）	
		(3) 警防本部との連携	① 活動報告等の管理 　・人命検索、消火活動等の状況 　・逃げ遅れ者及び避難未確認者の状況（場所、人数等）	

活動項目				状況判断・指揮対応	備考
Ⅳ	2	(3)		・延焼棟数、面積、延焼拡大危険方向、筒先口数等 ② 活動の節目、節目に積極的に活動状況を報告	
		(4)	安全監視の強化	モルタル壁等の落下危険及び床抜け、床落下危険等への注意喚起	
Ⅴ 火災後期の対応	1 部隊指揮	(1)	人命検索活動の指揮	① 火点室等の人命検索活動の再徹底 ② 逃げ遅れ者情報、避難未確認者等の追跡確認の徹底	
		(2)	消火活動の指揮	① 延焼防止の判断 ② 延焼防止から鎮圧までの活動管理 ③ 鎮圧の判断と残火処理への移行準備	
		(3)	残火処理活動の指揮	① 残火処理活動の統制 ・周囲から火点室へ、高所から低所へ実施 ・残火処理基準（要領）に基づく残火処理の徹底 ・関係者の立会い、小破壊、赤外線カメラの活用等 ② 残火処理活動時の安全管理の徹底 ・残火処理活動前に危険要因（焼損状況等）の把握 ・危険回避措置等の指示、徹底 ・安全監視体制の確立と危険回避措置等の実行状況の確認	
	2 指揮本部の運営	(1) 延焼防止・火災鎮圧時の措置	ア 残火処理への移行	① 残火処理移行への活動方針 ② 残火処理体制の確立 ・残火処理隊の指定及び担当棟、面等の任務分担	
			イ 部隊の縮小	① 活動隊、不従事隊、待機隊等の把握 ・第二出場隊、特命隊、第一出場隊の部隊縮小 ② 残火処理隊、従事隊以外の隊への引揚げ命令 ・活動隊を所轄隊と切り替え ・転戦可能隊の早期把握と警防本部への報告（動態入力の徹底）	

				活 動 項 目	状 況 判 断・指 揮 対 応	備考
V	2	(1)	イ		③ 火災現場周囲の交通復旧への対応 ・通行障害回避の指示（車両移動、ホース整理等） ・通行障害回避の実効性の確保	
		(2) 鎮火時の措置	ア	再出火防止	① 関係者等への監視警戒の依頼及び説示 ② 消防隊等による監視警戒体制等の確立	
			イ	苦情等の未然防止	① 現場引揚げ前の火災建物周辺の確認 ・消防活動に伴う物損、水損及び一般人の受傷状況等 ② 消防活動の影響がある場合、速やかに対応	
VI 二次火災等への対応	1	二次火災確認時の対応			① 二次火災発生場所の確認（飛火火災時も同じ） ・署隊、警防本部との連携 ② 無線受信体制の強化 　a 二次火災発生の周知 　b 警防本部からの無線受信の徹底 　c 通信担当と指揮担当、伝令等の連携強化 　d 無線交信の混乱対応 　・使用波の切り替え等 　・署隊本部経由、現場電話等の活用 ③ 三次火災発生への備え	
	2	転戦下命			① 転戦可能隊の早期把握と警防本部への報告 ・指揮本部への転戦可能報告の徹底 ② 所要部隊の転戦について警防本部に報告 ・転戦下命時には、隊長への受命確認 ・転戦時の指揮本部への転戦報告の徹底	
	3	指揮本部指揮隊の対応			① 時機を失することなく、転戦出場の判断 ・出場が遅れる場合は、遅延理由等を警防本部に報告 ② 指揮隊が転戦可能な場合 ・一次火災の指揮を担当する隊を指定 ・警防本部へ二次火災への出場を報告	

活動項目			状況判断・指揮対応	備考
Ⅶ 指揮隊との連携	1 情報指揮隊との連携	(1) 任務付与	① 指揮本部長の特命する情報に関する重点事項 ② 報道対応	
		(2) 情報指揮隊の活動管理	① 情報収集状況の把握 ・逃げ遅れ者及び避難未確認者の追跡確認等の状況 ② 情報活動状況の指揮本部への報告の徹底 ・指揮本部で必要な情報の明示 ・情報活動状況の逐次報告を指示 ③ 情報カードの整理状況の確認 ・部隊運用状況、焼損建物、救助・避難確認、死傷者一覧、発見・通報・初期消火の状況、火災に至った経過等、防火管理等 ④ 苦情等の未然防止及び処理	
		(3) 報道対応	① 報道発表を前提とした情報活動の管理 ・収集情報の質の確保等（曖昧な情報の排除） ・特異事案発生時の対応の指示 ② 情報収集等の進捗状況の把握 ③ 発表予告時間等の管理 ④ 事実関係の発表を重点 ⑤ 組織対応の確認（署隊本部、警防本部との連携）	
	2 応援指揮隊との連携	(1) 任務付与	① 局面指揮、前進指揮所担当隊長の下命 ② 消防活動の重点等のすり合わせ	
		(2) 応援指揮隊の活動管理	① 局面指揮の活動管理 ・局面の火災実態の把握 ・局面の消防活動、指揮活動等の報告の徹底 ・担当局面の部隊の活動管理（部隊不足、不従事隊等） ・その他特に必要な事項 ② 前進指揮所の活動管理 ・火災実態及び指揮活動状況等の把握 ・前進指揮所の消防活動、指揮活動状況等の報告の徹底 ・前進指揮所の指揮活動状況等の管理（資器材の集結、交替要員、救護・救援体制の確保等）	

		活 動 項 目	状 況 判 断・指 揮 対 応	備考
Ⅷ 部隊指揮	1 部隊指揮の基本	(1) 木造、防火造建物火災の指揮の基本	① 指揮の基本 　a　人命検索、救助活動の指揮 　・人命の検索、救助活動を優先 　・逃げ遅れ者情報のある場所、火点室等 　b　消火活動の指揮 　・周囲建物への延焼阻止 　・先着隊は、延焼拡大危険の大なる面に筒先配備 　・後着隊は、筒先の未配備建物、不足箇所に筒先配備 ② 統括指揮のポイント 　・早期の筒先包囲と消火活動の効果の見極め	
		(2) 耐火造建物火災の指揮の基本	① 指揮の基本 　a　火点階、火点室への進入困難性の早期把握 　b　円滑な任務付与と組織活動の徹底 　c　消防活動の指揮 　・人命検索活動及び避難誘導等を最優先 　・人命検索活動は、逃げ遅れ者情報のある場所を第一 　・消火活動は、延焼経路となりやすい場所への早期筒先配備 　・警戒筒先は、火点室の直上室及び左右室を優先 ② 統括指揮のポイント 　a　火点室への進入経路の確保 　・屋内、屋外からの進入手段、進入経路の確保 　・濃煙熱気の階段室からの強行進入態勢の確保 　b　建物用途の危険性に対応した指揮対応 　・マンション、ビル火災の指揮対応 　・人命危険、逃げ遅れ者の発生の可能性が高い用途の指揮対応 　・火点が確認できない場合の指揮対応 　・ダクト火災の指揮対応 　・倉庫火災等の指揮対応	

活動項目			状況判断・指揮対応	備考
Ⅷ	1	(3) 指揮分担	① 局面指揮 ・指揮分担の範囲（場所、活動等）、局面指揮者の指定 ・指揮本部への報告の徹底（局面の指揮状況等） ② 前進指揮所の設置等 　a　前進指揮所の設置 　　・前進指揮所担当隊長の指定 　　・前進指揮所の設置（高層階は火点階の下階又は倉庫等は指揮本部の反対側に設置） 　b　前進指揮所の活動管理 　　・指揮本部との連絡ルート、隊員の進入ルート、資器材搬送ルート等の設定 　　・指揮本部への指揮活動状況の報告の徹底	
	2 部隊の進入管理	(1) 木造、防火造建物火災の進入経路の管理	① 火点建物等へのホース延長経路の管理 ② 屋内進入の管理 ・燃えていない部分からの進入を第一	
		(2) 耐火造建物火災の進入経路の管理	① 火点室への進入経路（屋内、屋外）の早期確認 　a　屋内進入経路の確保 　　・屋内階段内の濃煙熱気等の状況の早期把握 　　・非常用エレベーターの活用 　b　屋外の進入経路の確保 　　・屋外階段、はしご車、積載はしご、単はしご等 　c　その他の進入経路の確保 　　・隣棟の屋上等 ② 濃煙熱気の屋内階段からの進入 ・援護注水態勢、交換空気ボンベの準備 ・交替要員、支援隊員等の待機 ・ペントハウスドア等の開放による階段室内の排煙 ③ 連結送水管の活用 ・連結送水管セット、エンジンカッター等の搬送	

	活動項目		状況判断・指揮対応	備考
Ⅷ	2	(3) 火点室への進入管理	① 火点室への進入態勢等の確認 　a　進入態勢の事前確認 　　・筒先の携行、身体防護措置、検索体制等 　b　火点室への進入管理 　　・進入、注水時の事前報告の徹底 　　・中性帯の活用（ドア開放、即注水の厳禁） ② 退路を確保した行動の徹底 　・急激な火炎、黒煙等の拡大への備え 　・フラッシュオーバー発生の監視及び対応	
	3　人命検索活動の統括指揮	(1) 逃げ遅れ者情報がない場合の人命検索活動の指揮	① 火点室の人命検索活動を重点 　・救助指定中隊の人命検索活動着手の確認 　・人命検索活動体制の早期確立 ② 人命検索活動の管理 　a　火災の中期 　　・人命検索活動範囲の絞込みを重点 　　（検索活動の結果と逃げ遅れ者情報等の追跡確認の結果） 　b　火災の後期 　　・「逃げ遅れ者あり」との前提 　　・火点室等の再検索と避難未確認者の追跡確認の徹底	
		(2) 逃げ遅れ者情報がある場合の人命検索活動の指揮	① 人命検索活動体制の早期確立 　・逃げ遅れ場所の人命検索活動を最優先 　・人命検索、救助活動に迅速な部隊投入 　・必要部隊の早期応援要請 ② 人命検索、救助活動の管理 　a　組織的な人命検索、救助活動の徹底 　b　逃げ遅れ場所不明時の人命検索活動の管理 　　・人命検索活動は火点室を重点 　　・火点建物の部屋、廊下等間取りの聞き取り 　c　逃げ遅れ者発見時の即応態勢の確保	
		(3) 救助活動の指揮（ベランダ等に逃げ遅れ者）	① 救助活動に部隊を集中 　・要救助者数と危険切迫性の確認 　・迅速な救助活動への着手	

活動項目				状況判断・指揮対応	備考
Ⅷ	3	(3)		② 救助活動体制の早期確立 　a　必要部隊の早期応援要請 　b　救助指揮体制の早期確立（直接指揮又は指揮分担） 　c　組織的な救助活動の実施 　　・要救助者への援護注水、危害防止措置 　　・救出時の救護、搬送体制の確保 　　・救助活動時の隊員の安全確保	
	4　消火活動の統括指揮	(1)　木造・防火造建物火災	ア　即鎮圧火災の消火活動の指揮	① 消火活動隊を指定、消火隊以外の隊には待機を下命 　・既にホースを延長している隊を消火活動隊に指定 ② 活動隊以外の隊の現場引揚げを下命 ③ 残火の確認	
			イ　周囲建物に延焼拡大危険がない火災の消火活動の指揮	① 救助指定中隊等の筒先配備状況の確認 ② 火点建物への筒先及び警戒筒先の配備 　・筒先配備は、火点上階、火点階の順 ③ 消火効果の判断と部隊の縮小 ④ 残火の確認	
			ウ　周囲建物に延焼拡大危険がある火災の消火活動の指揮	① 救助指定中隊、先着隊の筒先配備の補正、補完 ② 延焼拡大危険のある周囲建物への筒先配備の下命 　・筒先の未配備建物等への迅速な筒先配備 　・予備注水後、延焼拡大危険のある建物内への進入 ③ 警戒筒先の迅速な配備	
			エ　複数棟に延焼拡大している火災の消火活動の指揮	① 延焼建物及び延焼拡大危険の把握 ② 救助指定中隊、先着隊等への筒先配備の下命 　・必要により応援要請（第二出場及び必要部隊等） ③ 早期の筒先包囲体制の確立 　・筒先未配備建物等への後着隊の筒先配備の下命 　・第二出場隊への筒先配備の下命 ④ 延焼防止見込みの判断 ⑤ 延焼防止の判断	

活動項目				状況判断・指揮対応	備考
Ⅷ	4	(1)	オ 隣接耐火造建物への延焼阻止の指揮	① 隣接耐火造建物への延焼拡大危険の把握 ② 延焼拡大危険の警防本部への報告、部隊に周知 ③ 隣接耐火造建物への警戒隊(消火隊)の指定 ④ 延焼拡大危険の排除、警戒体制の確立 ・建物関係者の早期確保 ・建物内の延焼拡大危険の排除と警戒筒先の早期配備等 ⑤ 必要により局面指揮者の指定	
		(2) 耐火造建物火災	ア 火点が不明な場合の指揮	① 火点階、場所(箇所)の推定 ② 火点検索隊の編成、検索範囲の絞込み ③ 火災時の即応態勢の確保 ④ 火災時の消火活動の指揮	
			イ ダクト火災時の消火活動の指揮	① 出火箇所と火煙噴出箇所、範囲の早期確認 ② 消火活動の管理 ・ダクト系統図等を基に各隊の担当階、箇所を指定 ・速やかに筒先及び警戒筒先配備の下命 ・急激な火煙の拡大に備え、退路等を確保した活動管理 ・消火、警戒隊等が不足する場合は、速やかに応援要請 ③ 指揮本部の部隊統制の強化 ・消火、警戒隊等と指揮本部との下命、報告ルートの早期確立 ・火災状況、活動状況等の情報共有の徹底	
			ウ 延焼火災時の消火活動の指揮	① 火点室への進入経路の早期確保 ② 火点室の消火活動の管理 ・火点室への進入、注水の統制 ・連結散水設備活用の判断(該当時) ③ 警戒筒先の配備 ・警戒筒先は、火点室の直上室及び左右室を優先 ・警戒活動の把握と急激な火炎拡大時の退路確保 ④ 重点箇所への警戒筒先の配備 　a　階段、エレベーター等昇降路、ダクトスペース、パイプスペース等のたて穴区画	

活動項目				状況判断・指揮対応	備考
Ⅷ	4	(2)	ウ	b 防火区画を構成する防火戸、防火シャッター及びダクト、配管等の区画貫通部等 c 建物外部からの延焼経路（火点室上階のバルコニー、開口部等）	
		(3)	水損防止の指揮	① 筒先（放水量）統制と水損の監視 ② 消火水による影響の早期確認 ③ 水損防止措置の下命	
		(4)	残火処理活動の指揮	① 効果的な残火処理 ・残火処理体制の確立（任務分担） ・残火処理活動の管理（高所→低所、周囲→中央） ② 再出火防止 　a 残火処理上の着眼場所の把握 　・外見上鎮火の確認が困難な部分 　・消火確認が困難なもの 　b 残火処理上の着眼場所に応じた点検要領 　c 赤外線カメラの活用 　d 継続的な監視警戒 ③ 隊員等の受傷事故の防止 ・残火処理時の危険箇所の事前確認、危険要因の排除等	
Ⅸ 安全管理	1 活動（作業）危険の早期把握	(1)	活動（作業）危険の予測	① 活動環境に起因する活動（作業）危険の把握 ・進入統制を必要とする活動（作業）危険 ・警戒区域の設定を必要とする活動（作業）危険 ・建物内からの一時退避を必要とする活動（作業）危険 ② 消防活動に起因する活動（作業）危険の把握 ・消防活動上注意を要する場所での活動（作業）危険 ・活動技量不足等の不安全行動による活動（作業）危険 ・活動要領等の不理解による活動（作業）危険	

		活　動　項　目	状　況　判　断　・　指　揮　対　応	備考
Ⅸ	1	(2) 安全監視体制の確立	① 活動監視体制の早期確立 ・安全管理隊の隊員の配置 ・消防団員等の活用 ② 指揮本部による安全監視 ・危険情報への機敏な反応 ・施設関係者の早期確保による活動（作業）危険の聴取 （危険性、危険回避方法、措置内容等の確認）	
	2 活動環境に起因する活動（作業）危険	(1) 進入統制を必要とする危険への対応	① 進入統制を必要とする危険要因 ・倉庫、産業廃棄物処理施設、工場、林場、劇場、地下室、変電室等 ・工事中の建物等 ・危険物、毒・劇物、禁水性物質等貯蔵物質 ・フラッシュオーバー、バックドラフト等急激な延焼拡大 ② 火点建物等への進入危険の予測 ・火災建物の用途、出火階等 ③ 進入統制が必要な場合の危険回避措置 ・進入危険の確認と周知 ・進入隊の指定と指定隊以外の隊の進入禁止の徹底 ・進入隊の活動管理、活動隊員の一時退避等 ④ 現場交替時の安全管理の徹底 ・産業廃棄物処理施設等は、危険箇所等を具体的に申し送り	
		(2) 警戒区域の設定を必要とする危険への対応	① モルタル壁等の落下危険への対応 　a　落下危険等の兆候の予測 　・モルタル壁等の亀裂、膨らみ 　・外観から落下の兆候等を確認できない場合がある。 　b　落下危険の回避措置（窓ガラス、瓦の落下危険も同じ） 　・現場確認と危険性の周知 　・警戒区域の設定と監視強化 　・落下危険の強制排除 ② 床落下、床抜け危険への対応 　a　床落下、床抜け危険の兆候の予測	

活動項目			状況判断・指揮対応	備考
Ⅸ	2	(2)	・足踏み等で床の強度及び弾力性等を判断 ・天井、根太、床のたわみ等から兆候を確認 　b　床落下、床抜け危険の回避措置 ・床落下、床抜け危険箇所の確認と危険周知の徹底 ・必要により活動隊の一時退避、安全確認 ・警戒区域の設定と設定の周知徹底 ・安全管理隊の隊員配置による警戒区域内への進入統制、監視 ③　建物等の倒壊危険への対応（鉄骨建物等） 　a　建物等の倒壊危険の予測 ・鉄骨のゆがみ、変形等により建物が徐々に傾くなどの兆候で予測 　b　建物等の倒壊危険時の危険回避措置 ・倒壊危険の周知と活動隊の一時退避 ・警戒区域の設定と安全管理隊の隊員及び消防団員等の配置による警戒区域への接近規制 ④　危険物、ガス、毒・劇物等の危険への対応 　a　貯蔵、取扱物質等の危険性の予測 ・危険物質の貯蔵、取扱の標識等 ・臭気、刺激臭、着色ガス等 ・物性危険の早期把握 　b　危険の回避措置 ・建物への進入統制 ・活動（作業）危険の周知と警戒区域の設定 ・延焼による危険物品への影響等の判断	
		(3) 活動建物からの退避を必要とする危険への対応	①　活動建物からの退避等を必要とする危険要因 ・床落下、床抜け危険、建物の倒壊危険 ・急激な延焼拡大危険、爆発等の危険 ・危険物、ガス、毒・劇物等による危険 ②　活動建物からの一時退避等を必要とする危険の予測	

	活動項目			状況判断・指揮対応	備考
Ⅸ	2	(3)		③ 退避等を必要とする危険の回避措置 ・携帯無線機、車載拡声器等による建物外からの退避の繰り返し周知 ・一時退避下命時は、指揮担当に各隊の退避状況を確認させ、全員退避を確認する。	
	3 消防活動に起因する活動（作業）危険	(1)	活動上注意を要する場所での活動（作業）危険への対応	① 注意を要する場所での活動（作業）危険の予測 　a　隊員等の転落危険の予測 　　・高所での活動、てい上放水から屋内進入への移行時 　　・スレート、アクリル板等の屋根上での活動時 　　・床抜けの危険のある階での活動時等 　b　落下物（瓦、ガラス等）による受傷危険の予測 　　・軒下部署、軒先等での活動時 　　・瓦屋根が燃え抜けた火点室等への進入時 　c　熱傷危険の予測 　　・火点室等に進入、注水時（火炎の噴出、吹き返し）等 　d　感電危険の予測 　　・変電室がある場合には注水による感電危険 　　・架空線、引込み線近くでの活動時の感電危険 ② 活動（作業）危険の回避措置 ・具体的な注意喚起 ・危険な活動、行為等の中止、停止 ・継続的な安全監視（中小隊長、安全管理隊等）	
		(2)	不安全行動に起因する活動（作業）危険への対応	① 不安全行動による活動（作業）危険の要因 ・活動方法不適による危険 ・消防機器等の取扱い不適による危険 ・身体防護措置不適による危険 ② 活動（作業）危険の予測 ・隊員等の活動、行動から不安全行動等を直感的に判断（予測）し、見抜く	

活動項目			状況判断・指揮対応	備考
Ⅸ	3	(2)	③ 活動（作業）危険の回避措置 　a　事前の危険回避措置 　　・不安全行動前の予兆行動を見逃さず、注意喚起 　　・新任配置者等は中小隊長の管理下で活動 　b　不安全行動確認時の措置 　　・直ちに活動、行為等の中止、停止	
		(3) 消防活動方法及び活動要領等の不適への対応	① 活動方法、活動要領等不適による活動（作業）危険の要因 　・事前報告なしの火点室への進入、注水、開口部の設定 　・火点室進入時の進入要領、進入態勢等の不適 　・火災時のエレベーター使用 　・非常用エレベーター使用時の火点階停止 ② 活動（作業）危険の予測 　a　火点室への進入、注水、開口部の設定時 　　・火点室内の火炎、黒煙等の急激な拡大による危険 　　・火点室等で活動中の隊員が退路を断たれる危険 　　・対面注水による受傷危険 　b　エレベーターの使用時 　　・エレベーター内への閉じ込めの危険 　　・火点階停止時、扉開放時に火炎にあおられる危険 ③ 活動（作業）危険の回避措置 　・火点室内への進入、注水時の事前報告の徹底 　・エレベーターの使用禁止の徹底 　・非常用エレベーター活用時、火点下階に停止の徹底	

活動項目				状況判断・指揮対応	備考
X リスク管理対応	1 職員の事故発生時の対応	(1) 隊員等の重大事故発生時	ア 事故発生直後の対応	① 受傷隊員等の救護、搬送を下命 ・医療機関に搬送（責任者の同行等） ② 受傷程度の確認と警防本部、署隊本部等への即報 ・受傷事故概要、受傷程度、搬送医療機関名等 ③ 事故等の再発防止の徹底	
			イ 事故対応の責任者の指定等	① 事故対応の担当者を指定（消防司令以上） ② 受傷者情報の管理（受傷原因、傷病程度等） ③ 情報の管理 ・必要により中小隊長を指揮本部に集結 ・報道対応等の責任者の指定 ④ 処理状況、結果の確認	
		(2) 隊員の受傷事故		① 事故発生直後の対応 ・受傷程度の確認と警防本部への即報 ・受傷隊員の救護、搬送を下命 ・活動（作業）危険の周知徹底と活動統制 ② 警防本部、署隊本部等への報告 ③ 事故状況等の調査（事実関係） ④ 情報の統制管理 ⑤ 報道、警察対応	
	2 事故・苦情等への対応	(1) 一般人の受傷事故の未然防止及び発生時の対応		① 一般人の受傷事故の未然防止 ・警戒区域への進入禁止、ホースへのつまずき防止の広報 ・警察官等への警戒区域への進入規制の依頼 ② 一般人の受傷事故発生時の対応 　a　受傷状況等の確認と警防本部への即報 　b　受傷者の救護、搬送を下命（搬送時家族等の同乗） 　　（※特に、子供、老人等の受傷時の対応に注意） 　c　関係者対応 　　・傷病者情報の管理（受傷原因、傷病程度等） 　　・処理責任者の指定（消防司令等） 　d　事故状況等の調査 　　処理状況及び結果の確認	

活動項目			状況判断・指揮対応	備考
X	2	(2) 物損の未然防止及び発生時の対応	① 物損の未然防止 ・未然防止の事前措置を講じた活動 ・物損の予兆等の早期発見と必要な措置 ・定期に現場を巡視 ・現場引揚げ時の確認（物損の有無、住民の動向等） ② 物損発生時の対応 　a　事実関係の把握（現場確認等） 　b　対応責任者の指定（司令補等） 　　・物損被害状況の調査 　　・関係者対応 　c　状況により警防本部等への即報 　d　対応結果の確認	
		(3) 水損の未然防止及び発生時の対応	① 水損の未然防止 ・水損に配意した注水及び消火水の排出の指示 ・消火水による下階への影響の早期把握 ・水損確認時は、直ちに水損防止措置の実施 ② 水損発生時の対応 　a　現場確認、事実関係の把握 　b　水損確認時には、直ちに水損防止措置を下命 　c　対応責任者の指定（司令補等） 　　・水損被害状況の調査 　　・関係者対応 　d　状況により警防本部等への即報 　e　対応結果の確認	
		(4) 社会死状態の傷者への対応	① 死者発見の受信時には、必ず現場を確認 ② 社会死と判断できない場合には、救命処置し、迅速に搬送 ③ 社会死状態と判断した場合は、警防本部、署隊本部に報告	

参考文献

『2訂版　指揮隊の活動要領　―現場が求める実用知識―』
　　　監修：東京消防庁
　　　発行：公益財団法人東京連合防火協会・東京法令出版株式会社

『3訂版　災害時の情報活動マニュアル　―消防職員のための情報管理―』
　　　監修：東京消防庁
　　　発行：公益財団法人東京連合防火協会・東京法令出版株式会社

『近代消防戦術（第1編　指揮要諦）』
　　　監修：東京消防庁司令部
　　　編集：東京消防警防研究会
　　　発行：財団法人東京連合防火協会・東京法令出版株式会社

『消防業務に係る紛争予防・解決のための実務』
　　　監修：東京消防庁総務部庶務課
　　　編著：消防実務法令研究会
　　　発行：財団法人消防協会

『戦訓百選　基本的消防戦術』
　　　著者：冨樫　金三郎
　　　発行：火の丸防災株式会社

『現場指揮』
　　　著者：冨樫　金三郎
　　　発行：火の丸防災株式会社

「フラッシュオーバーに関する研究報告書」
　　　東京消防庁消防科学研究所

『安全管理　―受傷事故の科学的分析と再発防止―』
　　　監修：東京消防庁
　　　発行：公益財団法人東京連合防火協会・東京法令出版株式会社

執筆協力者

今 井　努

【略歴】

　　昭和43年4月　　東京消防庁入庁
　　平成12年8月　　総務部情報通信課長
　　平成15年6月　　麻布消防署長
　　平成17年10月　　大森消防署長
　　平成19年10月　　渋谷消防署長
　　平成20年9月　　退　　　　　職

大隊長の指揮要領
統括指揮の体系・モデル化

平成28年7月5日　初版　発　行
令和6年1月10日　初版7刷発行

監　修／東京消防庁

発　行／一般財団法人　東京消防協会
　　　　東京都千代田区麹町6丁目6番
　　　　〒102-0083・TEL 03(6261)6564

東京法令出版株式会社

112-0002	東京都文京区小石川5丁目17番3号	03(5803)3304
534-0024	大阪市都島区東野田町1丁目17番12号	06(6355)5226
062-0902	札幌市豊平区豊平2条5丁目1番27号	011(822)8811
980-0012	仙台市青葉区錦町1丁目1番10号	022(216)5871
460-0003	名古屋市中区錦1丁目6番34号	052(218)5552
730-0005	広島市中区西白島町11番9号	082(212)0888
810-0011	福岡市中央区高砂2丁目13番22号	092(533)1588
380-8688	長野市南千歳町1005番地	

〔営業〕TEL 026(224)5411　FAX 026(224)5419
〔編集〕TEL 026(224)5412　FAX 026(224)5439
https://www.tokyo-horei.co.jp/

©Printed in Japan, 2016

　本書の全部又は一部の複写、複製及び磁気又は光記録媒体への入力等は、著作権法での例外を除き禁じられています。これらの許諾については、当社までご照会ください。
　落丁本・乱丁本はお取替えいたします。

ISBN978-4-8090-2409-2